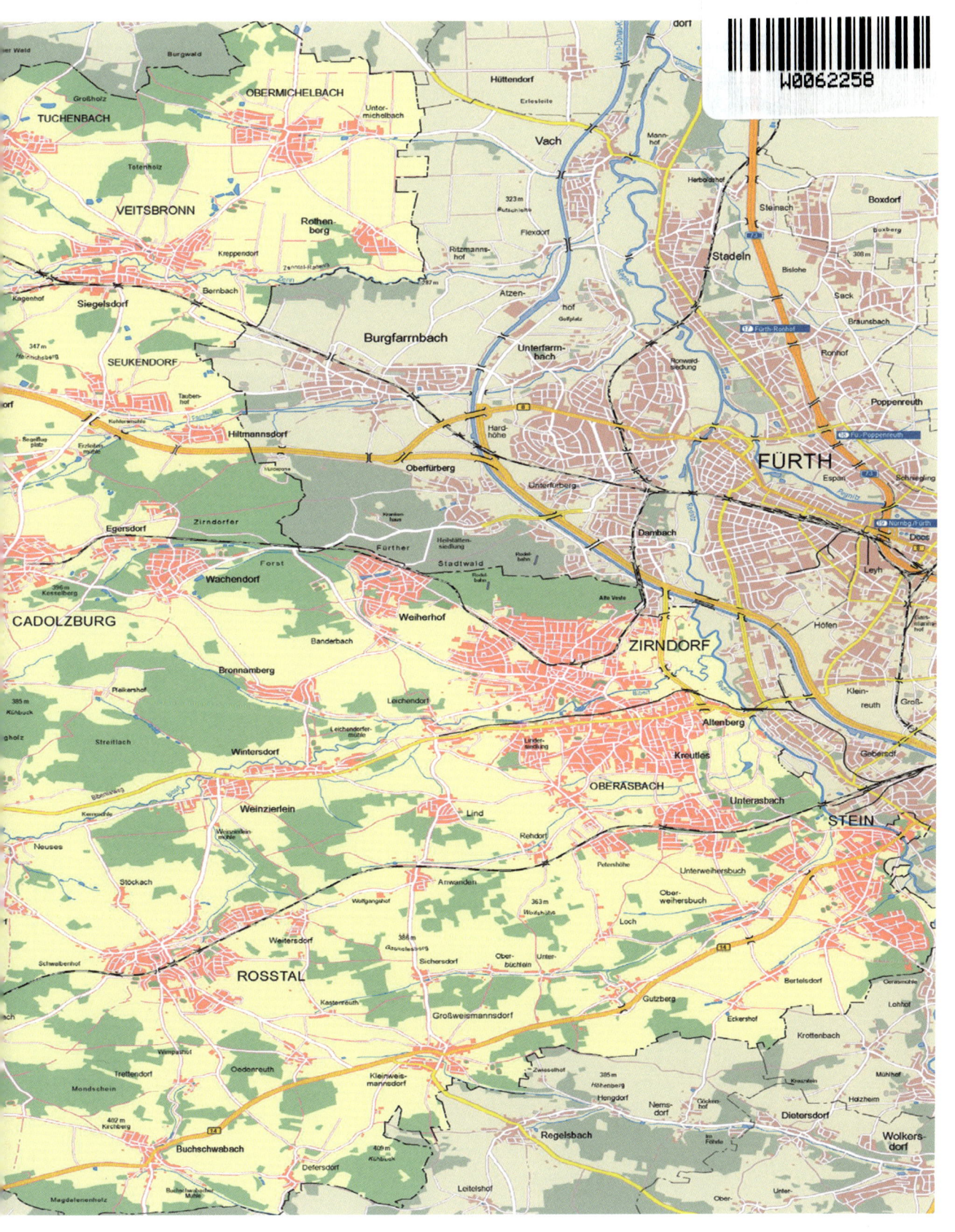

GODEHARD SCHRAMM
FOTOS HERBERT REINL

BesonderLand
Der Landkreis Fürth

Ein Porträt

LANDKREIS FÜRTH

Geleitwort

Als „fränkischen EuropaNarr" hat der Bayerische Rundfunk Dr. Godehard Schramm einmal bezeichnet. Mit seinen Texten ist er in Frankreich, Polen und Italien präsent – er hat Jewtuschenkos Gedichte übersetzt, Drehbücher für das Fernsehen geschrieben und in zwei Büchern die fränkische Umgangssprache neuartig verwandt. Jetzt widmet er sich dem Landkreis Fürth und den Menschen, die hier leben. In kleinen wie unterhaltsamen Geschichten macht der bekannte Schriftsteller das Heimatgefühl der 14 Gemeinden lebendig.

Unser Landkreis ist aber auch, wie ich meine, ein Juwel in der Region: einmalig in der Lage, die städtisches Lebensgefühl und Infrastruktur mit ländlicher Einfachheit und Offenheit vereint. Der Zuzug in den letzten 20 Jahren war nicht zuletzt aus diesen Gründen beachtlich. Der Landkreis Fürth trägt in der Metropolregion dazu bei, die besondere fränkische Kultur spürbar und authentisch zu erhalten.

Bei uns wohnen die einkommensstärksten Bürger Bayerns, die Gemeinden bieten hervorragende Lebensqualität – und das alles auf kleinstem Raum als flächenkleinstem Landkreis. Kurzum: Ein Landkreis zum Verlieben! Dieses Lebensgefühl zu vermitteln, ist Dr. Godehard Schramm mit jeder Zeile gelungen. Man spürt: Der Autor hat seine Liebe zum Landkreis bei der Recherche entdeckt. Ich habe selten jemanden erlebt, der so schwärmerisch über uns spricht. Und was wäre ein Landkreisbuch ohne Abbildungen?

DER LANDKREIS FÜRTH

Liebe Leserin, lieber Leser,

ich freue mich, Ihnen BesonderLand – das besondere Buch über den Landkreis Fürth überreichen zu dürfen.

Beim Lesen der kurzweiligen Geschichten von Dr. Godehard Schramm, die der Landkreis-Kämmerer Herbert Reinl mit herrlichen Motiven illustriert hat, wünsche ich Ihnen gute Unterhaltung!

Ihr

Matthias Dießl
Landrat des Landkreises Fürth seit 01. Mai 2008

Titelbild: *Bei Meiersberg*

Impressum
1. Auflage 2006
*© 2006, Landratsamt Fürth in Zusammenarbeit mit der Heinrichs-
Verlag GmbH, Bamberg*
*Alle Rechte der Vervielfältigung und Verbreitung einschließlich Film,
Funk, Fernsehen und sonstiger elektronischer Medien sowie der
Fotokopie und des auszugsweisen Nachdruckes vorbehalten*
*Fotos: Mile Cindric (Seite 3 unten), Wolfram Reuter (Seite 49), Roland
Beck (Seite 119, 121 und 122) alle anderen Fotos Herbert Reinl*
Herstellung: Bayerische Verlagsanstalt Bamberg
Druck und Bindung: Haßfurter Druck & Verlag GmbH, Haßfurt
ISBN 3-89889-056-2
ISBN 378-3-89889-056-4
Printed in Germany

INHALTSVERZEICHNIS

Winterweiß
um Wintersdorf

DER Klammergriff der Kälte ließ nicht locker. Dieser Winter dauerte. Mit Schnee hatte er bislang gegeizt. Niemand erwartete, dass im Februar noch einmal Schnee in Massen fiele. Gegen Ende des Monats schneite es so dicht, so anhaltend, so dass der liegengebliebene Schnee alle Farben aus der Landschaft nahm; nur das Blaugrün der Föhren und ihr Stammrot waren noch da, und hie und da der Fichten Schwarzgrün. Die Orte hatten nur noch ihr Dachgezack als Kontur vorzuweisen. Wenn die Sonne auf den unberührten Schnee schien, ließ sie an manchen Obstbaumhängen die ungewöhnlich langen Schlangenlinien der Schatten violett übers Weiß laufen. Für eine Weile schien das Land ganz makellos. Das Schneeweiß machte das Land ungewöhnlich groß. So einen Schneezauber hatte ich hier noch nie erlebt.

Von Bronnamberg hinüberfahrend nach Wintersdorf, vorbei an vergnügt Schlit-

ten und Ski fahrenden Kindern, schien mir, auf dem Weiterweg Richtung Ammerndorf, dass jetzt jedes Dorf ein „Wintersdorf" sein könnte. Für etliche Tage war der Ortsname eine unübertrefflich echte Bezeichnung. Zusammen mit meiner Frau fuhr ich von einem „Wintersdorf" zum anderen. Die geschweifte Haube des Kirchturms von Ammerndorf war auch im Winterweiß klar zu erkennen. Wir fuhren nordwärts durch die schmale Talkerbe hinauf nach Steinbach – ein Höhenunterschied von immerhin 50 Metern.

Auf der Landkarte hatte ich mir eine beinahe vollständig von Wald umschlossene Fläche ausgesucht: für einen echten Wintergang. Dort, wo die beiden Waldarme das Freiland um Pleikershof nicht ganz umschliessen, ließen wir das Auto stehen, um am Waldrand dieses Feldland zu umrunden.
Noch hatte ich das matte Lohrot des Feuerwehrhauses von Steinbach vor Augen, doch jetzt gab es nur noch zwei Farben: das spätwinterliche Dichtweiß jenes 26. Februars des

Jahres 2005 und das Rotstämmige der Föhren, samt ihren grünblau schillernden Nadelwuscheln.
In diese Schneestille wisperte etwas, und schon sah ich's ganz nah, im Geäst einer noch ganz kleinen Kiefer. Ich hörte das meisenähnliche „sissi-sissi", sah am sacht graugrünlichen Vogelleib die beiden hellen Flügelbänder – es waren zwei Vögelchen: ich erkannte sie an ihrem Scheitel: der eine orange, der andere gelb. Ein Pärchen Wintergoldhähnchen; der kleinste Vogel in unserem Gebiet – und so

wundersam leuchtend, gar nicht
scheu.

Ein gutes Zeichen, dachte ich: im flä-
chenkleinsten Landkreis Bayerns beim
ersten Gang dem kleinsten Laubsänger
begegnen, diesem unverkennbaren
Buntling.

Vom Waldrand aus sind die beiden
stattlichen Fachwerkgebäude wie eine
Landburg zu sehen. Heiter zogen drei
Reiter an uns vorbei. Ab und zu flackerte das Tackern eines Buntspechts.
Ein Traktor zog vier Schlitten hinter
sich her, hinein in den tiefen Wald,
dessen Flurnamen „Weißer See" und
„Langer Schlag" heißen. Wir hätten
jetzt hinabgehen können zu den
Weihertupfen beim „Höllgraben", doch
der „Weinberg" nördlich von Weinzierlein hätte uns nur vorgejammert, dass
hier leider seit langem kein Wein mehr
angebaut wird. Dafür lockte uns ein
Schild in Spanferkelgestalt: dass es in

dem einen Gehöft von Pleikershof
frische Walnüsse und Eier gebe. Auch
Honig wäre dort zu bekommen. Die
Stimme einer Frau verriet, dass sie
aus Niederschlesien stammt – hier
heimisch geworden. Ich kaufte etwas
ein, und nun gingen wir von dem
Langhausduett, samt seinem herzför-
migen Weiher, auf der schnurgeraden
Straße zurück – unterm Geleitschutz
einer Birkenallee, deren Weiß ein ganz
anderes ist als das des Schnees:
schwarze Risse machen Zeichnungen;
zum anmutigen Weiß des Stammes
passt das Biegsame der meist hängen-
den Zweige.

Die Birkenallee von Pleikershof erinnerte mich an Polen und Rußland;
jemand hat einmal geschrieben, dass
dieser Baum mit seinem ungeheuren
Wasserbedarf „Licht und Fröhlichkeit
in die Seele" bringe, aber auch zu
„Melancholie" führen könne. Ich weiß,

dass sich selbst grünes und noch nas-
ses Birkenholz sogleich anzünden
lässt. Ich wusste bislang nicht, dass
sich aus Birkenrinde herrliche Gefäße
fürs Frischhalten des Brotes machen
lassen – von einer Russin gefertigt,
sah ich einige davon im Berliner Bota-
nischen Garten.

Als wir von Steinbach über Egersdorf
zurückfuhren, sahen wir die vergnügten Rodlerscharen, die vom „Kessel-
berg" aus den schmalen Landstreifen
im Wald befuhren, bis hinab zu dem
langen Weiher, unterhalb des „Schel-
tenbergs". Wie schön, wenn eine
Landschaft ohne weiteren Aufwand

solche Stellen in ihrem Angebot be-
reithält. Winterlich gerüstet gekleidet,
einen Schlitten dazu – alles andere,
samt Gesellschaft, umsonst. Wartete
jetzt nicht der „Grüne Baum" in Egersdorf auf: mit einem Spanferkelbraten?
Wir machten noch einen Schlenker
übers schneeweiße „Stöckfeld". Dort
hatte uns kürzlich, nach einem Wan-
dergang mit Freunden durch den lang-
gezogenen Fürther Stadtwald, am
Waldrand diese Siedlung überrascht,
die sich beinah wie eine Schafherde in
den auslaufenden Waldzipfel kuschelt.
Überhaupt muten hier viele Ansied-
lungen wie Geborgenheitsherden an.

Wir wussten es damals nicht, dass
genau an einer Waldecke der „Haltepunkt Egersdorf" ist – hätten wir nicht
den Roten Zug gesehen, der dort pfiff,
auf der Fahrt von Cadolzburg her. Wenn
es sich nicht schon zu dämmern ange-
schickt hätte, wären wir spornstreichs
mit dem nächsten Zug noch zum
Vespern in den Ort mit dem pfiffigsten
Turm weit und breit gefahren. Und so
staunten wir wieder einmal wie in dieser Gegend der Übergang von Siedlung
zum Wald unmittelbar möglich ist –
mit seinem freundlich ungestörten
„und jetzt bin Ich da!"

Geparden auf 2 Rädern:
Beim 1. AMC

WER von Bronnamberg, der geradezu
schweizerisch wohlhabend anmuten
den Siedlung, durch das Waldzipfel-
chen nach Wintersdorf fährt, ahnt
nicht, was da sich tut. Nichts zu sehen;
höchstens das Aufdröhnen von Motor-
radmotoren ist gelegentlich zu hören.
Waldweg. Sandgrube. Und plötzlich:
Als wären Ritter aus vergangenen
Zeiten aufgetaucht – in wundersamen
Lederrüstungen, mit schnittigen Hel-
men dazu, und anstatt rassiger Rösser
reiten sie Motorräder.
Auf dem abgesperrten Sandgruben-
gelände, das zugleich als Erddeponie
dient, tut sich ein KühnheitsErprobungs-
gelände für Motorradfahrer auf.

Sand staubt in Kurven auf. Geschickte
Slalomfahrt zwischen LKW-Reifen.
Sandschwaden. Das anregende Ohren-
Rauschgift des Motorsounds, wenn Gas
gegeben wird. Und immer Vorsicht gegenüber den ebenfalls Herumjagenden.
Jetzt wagt sich einer auf einen Berg.
Einige Augenblicke scheinen Fahrer und
Fahrzeug senkrecht zu stehen, und bevor sie kippen: eine Gashebeldrehung,
das zweirädrige Ross bäumt sich auf,
überspringt einen Balken.
An anderer Stelle jagt einer der Radrit-
ter eine Steilwand hinauf – atembe-
bend: dass er nicht rückwärts kippt.

Angesaust kommt ein Dritter, hebt sich aus dem Sattel von seinem „Bock" und springt mit ihm über ein Hindernis. Wie Steinböcke springen sie zwischen Steinbrocken. Wieder ein anderer balanciert auf schmalstem Pfad zwischen Steinen und Balken, hält sich allein auf dem Hinterrad, fast stehend achtet er darauf, das Gleichgewicht nicht zu verlieren und um ja nicht mit dem Fuß irgendwo aufzukommen. Jetzt ist einer am Steilhang hängen geblieben. Der Besuch wundert sich, dass hier nicht mindestens 3 Sanitätsautos und 1 Rettungshubschrauber bereit stehen.

Der Besuch reibt sich die Augen – nicht wegen der Sandschwaden, sondern ob des Wagemuts und der Tollkühnheit der Fahrer und ihrer verblüffenden Sicherheit. Und noch mehr verdutzt sieht er motorisierte Zwerge auf winzigen 5 PS-Maschinchen in einem Affenzahn durch die Wüstensandpiste auf eine Kuppe lossausen, über die sie alsdann fliegen, sicher wieder aufsetzen und durch eine Kurve zurückpreschen.

Ist hier ein Trainingslager für Zirkusartisten? Werden hier Sondereinheiten eines modernen Kavallerie-Regiments für den Einsatz in Afghanistan trainiert?

Nichts von alledem!

Hier übt der „1. AMC" von Zirndorf. Hier wird feuriger Sport betrieben. Hier trainieren Kinder gezügelten Wagemut, Fahrzeug- und SelbstBeherrschung. Hier gedeiht echtes Vereinsleben. Hier heißt ein heiteres Motto: „Kein Staub – kein Spaß!" Ansteckende Mitfreude. Hier werden Schwierigkeitsgrade geübt. In diesem Indianergelände verwandeln sich ganz Junge und schon Ältere zu Geparden auf zwei Rädern.

Ja, freilich: Ausrüstung brauchen sie und eine Maschine – ab 1500 Euro aufwärts. Mit einem Mal werden magische Namen genannt: „Herkules, Zündapp, Kreidler".

Der Besuch sieht Luftsprünge; er hört das berauschende MotorsoundNikotin; er sieht die kräftigen Noppen der Profile; er fragt sich: wie schaffen die das, gleichsam aus dem Stand mit so einem Zweirad über einen Baumstamm von mehr als einem Meter Durchmesser hinwegzusetzen, ohne sich dabei sämtliche Knochen zu brechen? Er staunt über das beherrschte Wilde, und nach einer Weile ist ihm der Staub fast schon ebenso wie Staubzucker.

Und wieder ist so ein kleiner Knatterzwerg im Springflug über eine Kuppe gekommen.

Die raubkatzengeschmeidige Maschine – ruft ein Junger: „Mama, gib ämol in Ständer!" Und der „Bock" steht.

Der Besuch staunt über die Furchtlosen. Dabei erlebt er, wie Sport „gemeinschaftsbildend" wirken kann.

Im Jahr 2002 feierte der „1. AMC Zirndorf" sein 50jähriges Jubiläum. Die „Tourer" rüsten sich hier für mehrtägige Ausfahrten. Die „Trialer" trainieren für Wettkämpfe in schwierigem Gelände. MotocrossFahrer wachsen hier heran.

Jede Fahrt bedeutet Zuverlässigkeitsprüfung und GeschicklichkeitsErprobung zugleich – und gewiss auch Überwindung des Angsthäsischen im Menschen.

Dass jeder ganz bei der Sache ist, das spürt er sofort. Einer der Fahrer ist 590 mal gestartet und hat dabei 334 mal Gold, 71 mal Silber und 32 mal Bronze gewonnen.

LebensLeidenschaft. Einer aus dem Nachwuchs hat schon als 7-Jähriger den 1. Platz bei der Bayerischen Jugendmeis-

terschaft gewonnen, in der Klasse 50 ccm. Und jeder dieser Motorradmutigen hat einen erfolgreichen Fahrer als „Vorbild". Wie schön, denkt der Besuch, dass hier „das Vorbild" noch etwas bedeutet – und es leuchtet ihm ein, wenn einer der jungen Kühnen als sein Lieblingstier den „Gepard" nennt, die hochbeinige schnellste Raubkatze aus Afrika.

Der Besuch kann jetzt verstehen, wenn jemand so ein geschickter „MotorradNarr" wird – wie die Geparden im IndianerSandgebirge bei Wintersdorf.

Ein LandLappen als LandKreis

Eine Karte vom „Oberamt Cadolzburg", aus dem Jahr 1710 zeigt die Umrisse eines Gebietes, das beinahe einem zunehmenden Mond gleicht – fast rund, im Westen etwas ausgezackt. Am nördlichsten Rand liegt Herzogenaurach, am südlichsten Heilsbronn; die Ostgrenze liegt ziemlich weit östlich der Rednitz-Regnitz. In diesen „LandLappen" passt, etwas zurecht gestutzt, der „LandKreis" Fürth.

Unsere heutigen „Landkreise" sind freilich nicht die 'demokratisierten' Nachfolger von vormaligen Kleinstaaten, also keine ursprünglichen Gebiets-

körperschaften, sondern vom 'Staat' geschaffene Gebilde mit dem Recht der Selbstverwaltung.

Begonnen hat das für unser Gebiet mit der Herstellung des „Königlichen Bezirksamtes Fürth" – im Jahre 1862. Dieses Verwaltungsgebiet, ein Beitrag zur staatlichen Ordnung, blieb lange Zeit in seinen Grenzen unverändert; ab 1918 hieß es nur noch „Bezirksamt Fürth", 1938 umbenannt in „Landkreis Fürth".

Wer sich auf deutsche Geschichte einlässt, hat über lange Zeit mit dem Phänomen „Fluch und Segen der Kleinstaaterei" zu tun.

Es ist bis heute nicht unumstritten, ob das „Zusammenfassen" von solchen Ländereien zu „größeren" und vermeintlich „effektiveren" Einheiten der Weisheit letzter Schluss ist – der

Mensch, der an seinem Ort bleiben möchte, sehnt sich ja nach überschaubaren Verhältnissen.

So gesehen hat der heutige Landkreis Fürth, als Benjamin unter den bayerischen 'Kreisen', eine ideale Größe mit seinem „Großgenug".

Bis zur großen Landkreisreform im Jahre 1972 bestand Bayern aus 143 Landkreisen, die nun auf 71 reduziert wurden. Inwieweit die Einsparung von 72 Landratsposten, samt allen dazugehörigen Ämtern, die staatlichen Verwaltungskosten halbierte, kann ich nicht nachprüfen. Wie ja das Wort „Reform" in Deutschland überhaupt ein sehr zweischneidiger Begriff ist. Der Landkreis Fürth jedenfalls büßte damals seine „nordöstlichen" Gebiete ein, die, mit Burgfarrnbach und Vach z. B., an die Stadt Fürth sowie an

Nürnberg fielen. Als „Entschädigung" wurde dem 'verjüngten' Landkreis die Stadt Stein zugeschlagen und im äußersten Nordwesten kam der einst reichsritterschaftliche „Miniaturstaat" Wilhermsdorf dazu. Das ganze Gebilde umfasst rund 308 Quadratkilometer. Zahlen haben mitunter eine suggestive Magie. Der „flächenkleinste" Landkreis Bayerns ist zugleich einer der dichtbesiedeltsten. Doch schon die nächste „Hochrechnung" ergibt ein schiefes Bild: weil von den rund 108 000 Einwohnern eben nicht überall 347 pro Quadratkilometer leben – das „Durchschnittliche" ist ein Phantom. In Wirklichkeit ist dieser Landkreis ein aufschlussreiches Land und keinesfalls „Fürths Hinterland". Als westliches „Vorland" zum „Ballungsraum" der Städte Erlangen-Fürth-Schwabach-Nürnberg wirkt es wie ein „Freiraum" zum Aufatmen. Seine relative Eigenständigkeit liegt in seiner Eigenartigkeit.

In die LandschaftsVorgabe der Keuper-Natur haben die Menschen ihre Verkehrslinien so hineingebaut, dass sie wie organische Adern wirken. Die „Zennlinie" von Veitsbronn über Langenzenn bis nach Wilhermsdorf – samt ihrem Bahnabzweig nach Puschendorf. Die Südtrasse längs der B 14.
Die kräftige Bibertachse – mit Ammerndorf und Großhabersdorf.
Dazwischen die interne FarrnbachAder.
Aber auch so ließe sich zeichnen: Das

bedeutsame GroßOrte-Z: Mit Wilhermsdorf-Langenzenn-Cadolzburg-Großhaberdorf-Roßtal.
Schließlich das StädteHerz mit den drei Herzkammern Zirndorf, Oberasbach und Stein.
Doch das alles sind nur Hilfslinien, Behelfe, denn dieser Landkreis, in dem es mehr als 800 Vereine, Verbände und Organisationen gibt, mit lauter Mitgliedern, hat etwas ungewöhnlich „Ortskräftiges". Das geht dem „rangau'ischen LandkreisReisenden" alsbald auf.
Er weiß natürlich, dass es „früher" für einen Landrat einfacher war, bei irgendeinem Problem den „Kreisbauzug" hinzuschicken, um eine „Kreisstraße" zu flicken.
Er staunt Bauklötze, wieviel „Felder" die heutige Landrätin überblicken und kennen muss: Von den „zentralen Angelegenheiten" bis hin zu Veterinäramt, Gesundheitsamt, Ausgleichsamt, Bauwesen („technisch" und „rechtlich"), Umweltangelegenheiten, Sicherheit und Ordnung, sowie kommunale und soziale Angelegenheiten; schließlich das weite „Feld" der Personal- und Finanzverwaltung. Gibt es über diesen „konkreten" und zugleich „abstrakten" Feldern eine Art „Nationalbewusstsein" im und für den Landkreis?
Ein „Deutscher" wird sich, näher befragt, als „Bayern" zu erkennen geben, um sogleich den „Franken" herauszu-

kehren; in diesem Falle den „Mittelfranken". Noch nie hörte ich jemand sagen: „Ich bin ein Fürther Landkreisler".
Ich mache Entdeckungsreisen – mit dem Mut zum Fragmentarischen.

Mit dem Luftschiff „Jakob Wassermann"

Columbus hatte naturgemäß keine Landkarte von Amerika, doch auch mit einer Karte lässt sich dieser LandKreis 'columbianisch' entdecken.
In meinem ausgedachten Luftschiff beäuge ich das Neuland. Das Stadtland von Fürth buchtet sich mit Stadtwald und dem Gebiet von Burgfarrnbach leicht nach Westen aus. Die Gestalt des Landkreises selbst gleicht einem Bogengürtel.
Das östliche Städtetrio Zirndorf-Oberasbach-Stein bildet eine „Dreistadt" – vergleichbar dem polnischen „Trojemiasto" Danzig-Zoppot-Gdingen. Von dort aus geht der eine Straßenstrang über das langgestreckte Wintersdorf-Weinzierlein nach Ammerndorf und Großhabersdorf, das seltsamerweise schon in Nürnberg angezeigt wird – wohl deshalb, weil das früher ein wichtiger Knotenpunkt war.
Von Stein aus zielt auch die B 14 westwärts. Zwischen diesen beiden West-Linien der Großort Roßtal.
Die nördlichere Westader, die der B 8,

führt in einem autobahnähnlichen Bogen an Langenzenn vorbei.

Und wieder so ein „dazwischen": zwischen der langen ZennLinie, mit Wilhermsdorf, Langenzenn und Siegelsdorf-Veitsbronn, und der Bibert-Schlängellinie erhebt sich Cadolzburg.

Zum Nordeck zähle ich Obermichelbach, Rothenberg, Tuchenbach und Puschendorf – alle in etwa gleichnah zu Veitsbronn. Mein Luftschiff zeigt mir das lange Waldgebiet um den Dillenberg – zwischen Cadolzburg und Kirchfarrnbach.Waldflecken auch südlich von Puschendorf und südlich von Langenzenn; zwischen Bronnamberg und Ammerndorf; sowie noch ein paar Waldflecken zwischen Großhabersdorf und Roßtal.Jetzt sehe ich das Weiher-Blaugefleck, rund um Keidenzell. Seltsam, dass es in diesem Gebiet keine einzige große Nord-Süd-Achse gibt. Und schon sehe ich den einstigen Plan vor mir: als erwogen wurde, bei Herzogenaurach eine „Westumgehung" des Nürnberg-Fürther Großraums als Autobahn an die A 3 anzubinden, die dann 'irgendwie' zwischen Obermichelbach, Veitsbronn, Cadolzburg, Loch und Oberweihersbuch Richtung Schwabach nach Südosten weitergezogen wäre und den Stadt-Osten des Landkreises autobahnnah erschlossen hätte ... Aber da gab es genügend Leute, die den 'Umtrieb' nicht wollten.

Und schon hatte mich mein Luftschiff im Südwesten von Roßtal abgesetzt – und der Luftschiffkapitän drückte mir einen Zettel mit etlichen Namen in die Hand und sagte: „Was du sehen musst, das ist die wirkliche Landschaft. Was dir davon bleibt, das geht in deine innere Landschaft. Die seelische Landschaft wird dir allein in Menschengestalt begegnen."

Wie ich das Luftgefährt davonschweben sah, hörte ich nochmals Jakob Wassermann selbst: „Ich getraue mich, einen Menschen, der Humanität besitzt, an der Art zu erkennen, wie er eine Tür aufmacht und in ein Zimmer tritt. Und erst recht daran, wie er einen Stuhl nimmt, sich mir gegenübersetzt und mir zuhört."

Beauftragt für alle

ENTSCHEIDUNGEN werden stets von Menschen getroffen, die sich durchgesetzt haben. Als es um neue Höhere Schulen im Landkreis ging, war des damaligen Landrats Vorschlag eigentlich einleuchtend: Dr. Sommerschuh sah Cadolzburg als den ideal mittig dafür gelegenen Ort. Das gefiel weder „den" Langenzennern, noch „denen" aus Stein, die also eine ZweierAllianz bildeten, woraufhin jede Stadt ihr Gymnasium bekam. „Politik".

Die gut gemeinte Idee mit der verkürzenden Autobahn-Westspange hatte mit Befürwortern und Gegnern sogleich auch politische Bedeutung. Wäre dieser Bogen geschlagen worden, hätte er den Landkreis geteilt: in ein Vorfeld, das unweigerlich von der Stadt Fürth aufgesogen würde, und in ein Restlein, um das sich dann Ansbach und Neustadt/Aisch-Bad Windsheim gekatzbalgt hätten.

„Politik".

Wenn nach den geglückten Ortsumgehungen von Langenzenn und Wilhermsdorf nun die für Ammerndorf bevorsteht: auch da ist ein feilschendes Tauziehen vorstellbar.

Wer bekommt mehr Belästigung beziehungsweise mehr Entlastung? Roßtal oder Ammerndorf?

„Politik".

Wenn alles „irgendwie läuft": irgendwo hakt's immer – etwa beim Nadel-Öhr Stein. Es gäbe da schon Wege, die den stauerzeugenden Fahrzeugstrom umleiteten – aber an solchen Entlastungen hat die Großstadt Nürnberg keinerlei Interesse; sie möchte nicht den allzuraschen Zustrom in ihre Stadt, weil der allzuviele verlockte, dann gleich „draußen" zu leben.

„Politik"

Wenn man sich einmal vorstellt, dass es Pläne der Bahn gegeben hat, den riesigen Rangierbahnhof in der „leeren" Gegend zwischen Buchschwabach, Roßtal und Heilsbronn anzusiedeln ...

Politische Träume: die hübsche, doch ausgestorbene „Bibertbahn" wiederzubeleben – aber der Einwohnerschaft leidenschaftliche Liaison mit dem eigenen PKW... Wenn ein dreiköpfiger Haushalt mindestens drei Autos braucht ... Es sind zu wenig Nutzer da, die einen „Bibert-Rapid" kostendeckend nutzen würden. Es wird also beim relativ sehr dichten Busnetz bleiben, samt dem sinnvollen Ast des „AST", dem „AnrufSammelTaxi".

Also „praktische Politik": Es wird noch Mühe genug kosten, die „wandernde" Bürgerschaft und die „ParkWohner" bei den „Bleiberern" zu „integrieren" – in einer Zeit, in der das nomadenhafte „MobilSeinMüssen" fast schon wie ein 11. Gebot gilt.

Und größere Pläne? „Ach", sagte einmal Richard Bartsch, der Bezirkstagspräsident, klipp und klar: „Der Landkreis ist so klein, dass er nix Größeres verträgt."

Inzwischen ist die Entscheidung beim „Supermarkt-Referendum" in Roßtal gefallen. Bei der erstaunlich hohen Wahlbeteiligung von fast 50 % der Wahlberechtigten haben sich 64 % gegen den befürchteten Supermarkt entschieden. Auch da: „politische" Entscheidung – doch eher „emotional" als „rational". Zweischneidig also – denn so ein Supermarkt „schadet" ja nicht nur den „Kleinen", er lockt eben auch Kundschaft herbei, die erst dann, wenn sie schon einmal in einem größeren Ort ist, auch noch anderswo zusätzlich einkauft.

Politische Spannungen – wenn in etlichen Fällen nicht mehr der Gemeinderat entscheidet, sondern die „Stimmung" im Ort. Auch „Volksmeinung" lässt sich ja beeinflussen.

Politik, im Idealfall, hieße Mehrheiten für die „richtige Sache" zu finden. Aber Politik ohne Menschen und ihre sachbezogenen Interessen gibt es nur im Wolkenkuckucksheim.

Politik als „Pferdewechsel", als „Wechselspiel"? „Kräftewechsel" – auch das ist entwicklungsgeschichtlich für einen Augenblick interessant. Nach der Landkreisreform 1972: Klare SPD-Dominanz über lange Jahre. Der Landkreis nahm seine neugeordnete Gestalt an. Nach und nach wachsen Kräfte zum Wechsel nach – Zauberwort „Generationenwechsel". „Alte Parteifüchse" schlagen eine „Junge" vor und eine Frau wird „jüngste" Landrätin.

Wenn sich heutzutage „junge Leute" allzu oft vor einer „langfristigen" politischen „Bindung" scheuen: bitte, es geht doch! Richard Bartsch, derzeitiger Bezirkstagspräsident, kam schon als 27-Jähriger in den Bezirkstag.

Politik – ein Ingredienz scheint das Verblüffende, das Überraschende zu sein, das sich mit „mechanischer Logik" nicht erklären lässt, auch wenn es erklärbare Arbeitserfolge gibt ...

Ich schmuggle jetzt das Wort vom „VermutungsWissen" ein – und vermute, dass es auch am Klima des ganzen Landkreises liegt, dass aus einem Ort nicht nur 3 von insgesamt 60 Kreisräten kommen, sondern auch der Bezirkstagspräsident für Mittelfranken; dann der seit 1984 jedesmal direkt gewählte MdL Günter Gabsteiger ... Und alle von der CSU – wie die Landrätin auch.

Es ließe sich fragen, warum es unter den „Referaten" des Landkreises kein „Kulturreferat" gibt: „Kultur sei eine Aufgabe der Gemeinden" – lautet ein Bescheid.

Politik – muss sie nicht eine „futuristische Kunst" sein? Also vorausschauen, was erst überübermorgen ansteht. Wenn also der Landkreis Fürth im Gegensatz zum „Nürnberger Land" keine Sorgen mit großen Kliniken hat – weil's die hier wegen der Nachbarschaft gar nicht gibt, dann taucht freilich eines Tages dieses Problem auf: Was wird aus immer älter werdenden „Alten" in den „Siedlungen"? Welche Form von Altenhilfe wird sich ihrer annehmen, wenn diese Siedlungen „überaltern"? Allein die „Diakonie" kann das nicht schaffen.

Politik – auch als Fürsorge ...

Dass junge Leute sich heute in kleineren Orten nicht mehr mit dem begnügen, womit ihre Eltern einst hoch zufrieden waren, das liegt auf der Hand. Also sind „Jugendhäuser" entstanden; „Jugendpfleger" wirken da und dort mit. Am besten wär's freilich, wenn möglichst viel Vereine schon Mitglie-

der „von Kindesbeinen an" gewönnen:
wie etwa die rasenden Motorradknirp-
se vom 1. AMC – und kein Verein
möge jetzt murren, weil nur einer für
alle hier erwähnt wird.

Schließlich diese erstaunliche Einsicht
eines hochrangigen Politikers, der freiweg gesteht: „Politik wird heute nicht
mehr in Gasthäusern gemacht", wo
man ureinst bei Versammlungen seine
Meinungen und Ziele darstellte.

Gefragt ist, auch hier, heutzutage
gleichsam eine menschliche Form von
„göttlicher Allgegenwart" – „Omni-
Präsenz" ist gefragt. Wer bei Feuer-
wehrfesten, Vereinsjubiläen, Einwei-
hungen und Umzügen sich zeigt, der
wird wahrgenommen, „der ist halt da".
Schwierig, sehr schwierig, wer da als
Neuling einsteigen will.

Wie lautet doch Fritz Stieglers „Volks-
mundRat"?

„Schluggs nuntä wenn der säll rächd
schend / Sooch nix tun nid ärcher reizn
dudi gecher den nit schpreizn / Sälbst
wenns fir diech bedeid a Lasd – mags
anärschd wennsn su nit passd ..."

Kurze Klarstellung

NACH soviel Verwirrung ein paar ganz
klare und eindeutige Zahlen!
Der Landkreis Fürth ist ‚nur' 308 Quadratkilometer groß, aber zwischen den
Jahren 2002 und 2003 hat seine Bevölkerung zugenommen: sie stieg von

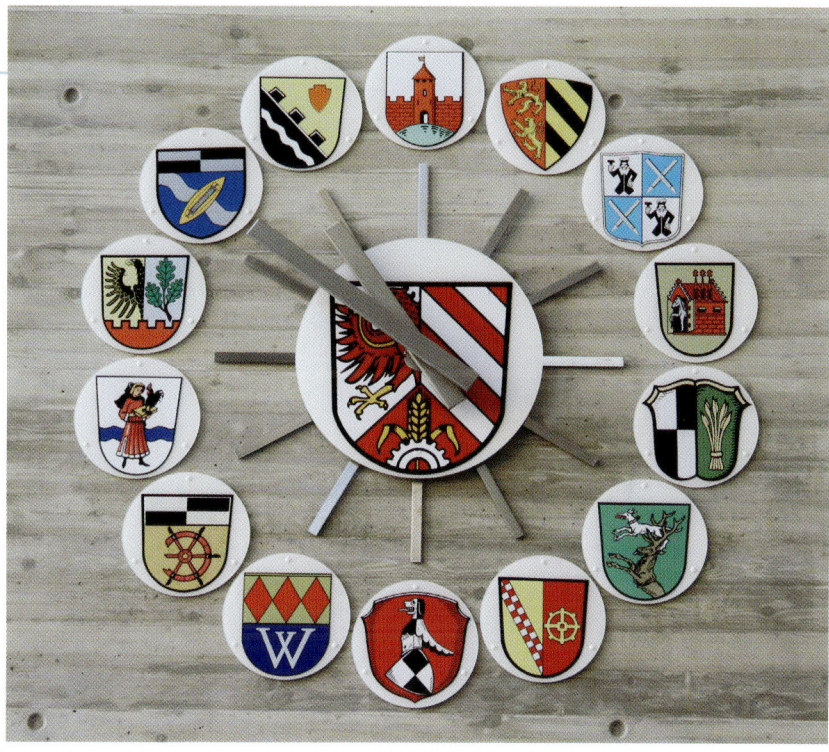

113 539 auf 114 471 – Tendenz steigend.
Es gibt allerdings wesentlich mehr
„Berufsauspendler" als „Berufsein-
pendler" – das heißt, dass wesentlich
mehr Menschen aus dem Landkreis
woandershin zur Arbeit ‚auspendeln'.
Behaupte jetzt nur ja nicht, dass dieser
Landkreis nur ein „RuheRaum" sei!
Jedenfalls steigt die „Bevölkerungs-
dichte": anno 2003 waren es im Durchschnitt 371 Einwohner pro Quadratkilometer. Im selben Jahr wurden hier
immerhin 447 neue Wohnungen fertig-
gestellt.
Die Statistik spricht auch hier für den
Landkreis: Im Jahresdurchschnitt 2001-
2003 kommen bei neu erstellten Wohnungen, je 10 000 Einwohner, auf den

Landkreis Fürth 44 – während die Stadt
Fürth nur 30 und ganz Mittelfranken
lediglich 37 vorweisen konnten.
In dem Zeitraum 2002-2003 freilich
überall leicht rückläufige Entwicklun-
gen: was die Beschäftigten bei produ-
zierendem Gewerbe, Baugewerbe,
Dienstleistungen und Handel anbe-
langt.
Oh monströses, abstraktes ZahlenGe-
birge! Im Haushaltsjahr 2005 umfasst
der „Verwaltungshaushalt" 71 219 300
Euro. Die „Höhe des nicht gedeckten
Bedarfs" beträgt 28 824 666 Euro.
Da ist das „Landkreispersonal" wenigstens zahlenmäßig überschaubar:
314 Personen – und die 129 km „Kreisstraßen", die schaffe ich, mehrfach!

Zum Hainberg

UNTER einer Bahnbrücke hindurch und gleich nach der Straßenbrücke: jetzt beginnt, unmittelbar nach Nürnberg, Fürth's Land. Die Rednitz als Grenzfluss. Was für ein Empfang: das sonst behäbige Gewässer sprudelt mit einem Mal, schäumt auf wie ein Wildwasserbach, über dem bunte Markierungsstangen hängen für behände Paddler in Kajaks.

Hinter der unsichtbaren Grenze, nur vom Wappenschild „Landkreis Fürth" markiert, sollte also ganz Anderes, Wildfremdes beginnen ... Ich weiß ja: neben dem jedermann Zugänglichen gibt es das Unzugängliche, die geheimen Netzwege der Einheimischen – wie in einem Ameisenhaufen. Dazwischen die Geheimgänge des Neugierigen, die erst beim Gehen entstehen.

ERSTE EXPEDITIONEN

Gleich linkerhand, vor dem Hintergrund von Altenberg und Kreutles, beginnt freies Land. Was meine topographische Karte mit „St.O.Üb.Pl." bezeichnet, war noch vor Jahren militärisches Übungsgelände, nun umgenutzt zu einem Naturschutzgebiet; eine andere Art von „Heimatschutz".
Auf einer Tafel Hinweise auf seltene Tiere und Pflanzen, die hier gedeihen dürfen; darauf ist zudem ein Gelände-flecken rot schraffiert, auf dass dort niemand die Wege verlässt – zu keiner Jahreszeit! Beschütztes Gebiet: weit ausgedehnt zwischen Fluss, samt Baumsaum, und besiedeltem Land. Es ist früher Morgen, der grenzüberschreitende Verkehr in beide Richtungen beträchtlich; schon nach wenigen Schritten überhöre ich ihn. Lerchengetriller steigt auf; weißgescheckte metallischschwarzblaue Elstern streichen ab.

Ich gehe planlos und neugierig, vielleicht in ähnlicher Stimmung wie Francesco Petrarca, als er sich im April 1336 von Avignon aus zum Mont Ventoux aufmachte. Die wellig weite Landschaft mit den Akzenten einiger Bäume mutet mich so an wie ich mir, ohne jemals dort gewesen zu sein, afrikanische Savanne vorstelle. Eine freistehende Kiefer mit ihren silbrig aufgerichteten Blütenständen

Plötzlich in Unterasbach

NACH diesem kurzen Abstecher hätte ich eigentlich nach Zirndorf wollen, aber da war der Wink eines Schildes: Ich fahre am Häuserrand von Kreutles vorbei, südwärts. Wieder etwas Augenfälliges für den Ortsfremden: ein ganz mit Schieferschindeln ummantelter Turm – freistehend; eine dazugehörige Kirche kann ich auf den ersten Blick nicht ausmachen, stattdessen einen Hof, der wie ein Klosterhof anmutet. Eine Frau zupft das Grün zwischen den Fugen heraus. Da fallen mir vier breite Türflügel auf, und ihre Türgriffe gleichen Ohrmuscheln, mit jeweils zwei Menschengestalten darin.

Auf Anhieb ist, in der Bildhauersprache unserer Tage, zu erkennen, dass in diesen Portalgriffen die „Werke der Barmherzigkeit" dargestellt sind: einem Dürstenden zu trinken geben, einem Hungernden zu essen ...

Als Eingangsbild für einen heiligen Raum überzeugt dies sofort – wenn darüber hinaus nicht vergessen wird, dass die grundlegende „Nächstenliebe" unabdingbar die Gottesliebe als Maß vor Augen haben muss.

ahmt anmutig die Herzform einer Lindenkrone nach. Würde ich hier dem Vogel „Wendehals" begegnen? Wird eine braungescheckte Heuschrecke aufspringen? Die Polster des Mauerpfeffers üppigen nur so mit ihren gelben Sternen. An silbergrauen Stängeln leuchtet ein fünfblättriges tiefdunkles Samtblau – könnten das „Ochsenzungen" sein? Jetzt, auf sandigem Grund der rosa-olivgrüne Glanz des „Silbergrases"; von Ferne die Rispen der weißen Akazienblüten: Savannenweite an einem Anfang von Fürth's Land – und ich denke sogleich an die lichten Akazienkronen in Berlins Botanischem Garten. Einfach so dahinschlendern, die Augen spazierenführen – langsamer als zwei Morgenwanderinnen, denen jemand eingeredet hat, dass man mit Skistöcken in den Händen aufrechter und also gesünder gehe. Wer weiß, mit welchen Gesundheitsstecken in ein paar Jahrzehnten die dann 120-Jährigen hier lustwandeln werden ...

Jedenfalls ist der Hainberg zu jeder Jahreszeit auslaufweit und wildschön.

Ich trete ein. Holzdunkel umfängt mich. Fenster wie Sehschlitze. Pyramidenspitzhoch ist der Raum nach oben gerichtet: Die Kirche wie jede Kirche eine mögliche Tür zum Dreieinigen Gott; hier geht sie vom Gedenken an den heiligen Stephanus aus, den Gesteinigten: Wer ließe sich heute, im übertragenen Sinne, für seinen Glauben steinigen? Etwa wenn er sich an die kirchlichen Feiertage hielte und sich weder zur Zwangsarbeit, noch zum Vergnügungs-Tollhaus verleiten ließe ...

Hinter dem Altar, der sich aus der Mulde der Mitte erhebt, in einer TerrakottaTafel, weitere Sinnbilder des Erlanger Künstlers Gerhard Schneider. Immer wieder fasziniert mich, wenn KirchErbauern etwas einfiel, um das Immergültige des christlichen Glaubens auf neue Art darzustellen. Wie einleuchtend: dass die Osterkerze hier inmitten einer Weltkugel aus Schmiedeeisen steht und so mit allen anderen Kerzen eine Leuchtkugel bildet.

Hinausgehend zum Friedhof der Stadt Oberasbach sehe ich vor dem Eingang eine heiter stimmende Geste: zwei Menschen unter dem Obdach eines Regenschirms – als BrunnenTrost. Und wieder lachte mein Herz: auf dem Gartenplatz vor dem Gemeindehaus waren mir ziemlich große Tafeln aufgefallen, so wie man sie aus den Tiergärten kennt; sie standen bei lauter Pflanzen. Was für ein herrlicher Einfall: Hier, im wüstenlosen AlpenNordland, an jene Pflanzen zu erinnern, die in der Heiligen Schrift so eine bedeutsame Rolle spielen. Die Bibel wird hier durch Blumen vergegenwärtigt, und damit ihr „immer", dieses immerzu Wichtige: damit eine Pflanze neben ihrer „Brauchbarkeit" zugleich auch noch eine höhere Bedeutung hat. Im

Geviert zeigt sich da ein Blumenkranz von Lorbeer, Ölbaum, Weinstock und Maulbeerbaum, über Minze, Aloe, Feigenbaum und Ginster bis hin zu Flachs, Gerste, Weizen, Senf und Dill, samt Zwiebel und Bohnen. Eine „Jakobsleiter" aus Pflanzen, und jeweils auf jeder Tafel eine Bezugsstelle zur Bibel: Wie da mit einem Mal der Granatapfel noch glühender leuchtet oder die „Damaszener Rose", wenn sie an das „Hohe Lied" (2,1-2), also das große Liebeslied erinnert.

Bibelstunde im Freien. Die Bibel ist ja nicht bloß ein Handbuch für „Frieden" und „soziale Gerechtigkeit". Innewerden, was damit gemeint ist: dass wir alle Reben sind – am „Weinstock des Herrn". GlaubensBekenntnis im Freien – mitten in Fürth's Land.

Zur Petershöhe

ALSDANN folge ich der Südlinie, stoße auf die OrientierungsLinie der Bahnlinie: am „HP Unterasbach". Auch die Erkundungen auf eigene Faust brauchen solche „Haltepunkte". Nach der Bahnunterführung der Schild-Wink: „Petershöhe". Verglichen mit der „Tiefe" der RednitzHöhe (292 m ü. NN), sind es hier oben immerhin 346 m ü. NN – mich interessiert jetzt, wie so eine „Siedlung" als Neulandgewinnung angelegt ist, längs der Bahnlinie, zwischen Waldstück und Felderweite. Eine Fülle von Häusern, die den Idealtyp vom „EinfamilienHaus" in vielfältigen Variationen wiederholen, so dass sich für den Betrachter der Begriff „SiedlungsSeligkeit" einstellt: Individuelle Wohnhäuser, mit der „Knautschzone" von Gärten dazwischen für einen ausgewogenen Abstand zum Nachbarn, und das Ganze schließlich ein Ganzes.

Von der „Petershöhe" aus tut sich ein Weitblick nach Osten auf.
Da ist ein Haus, nicht nach fränkischer Schablone, sondern ein Haus, in dem zuallererst das Licht wohnen kann! Eine angesehene Familie schafft das. Eines Architekten Plan überzeugt: Ausblick in den Garten haben, das Licht hereinlassen. Ein Wohnraum bis unters geschwungene Dach; an einer Wand eine Freitreppe hinauf. Schwarzer Granit aus Sardinien bedeckt den Boden. Und die Bäume!
Lichthelles Haus. LichtsammelHaus. Und der schöne Schwung des Daches. Eigensinnig. Ein privates „Sanspareil", „Ohne Vergleich" – auf der Petershöhe: Ein Licht-RaumErlebnis.

Stutzen in Gutzberg

WEITER! Zuerst Unterbüchlein: Allein schon die Steine, die ein Hoftor säumen; dann die Schöngestalt eines stattlichen Fachwerkgebäudes, vor dem sich die Bewohner einen Teich samt Laube und Blumenpracht angelegt haben. In der Gaststätte „Zum Grünen Tal" hätte ich jetzt wirklich Lust auf Bratwürste.
Ein Schlenkerbogen durch eine Waldkerbe, das Gutzberger Tal; Häusergemisch, beinah „romantisch". Und jetzt: Ein AugenAufreißerblick! Wie das? Hat da jemand mit einem SuperLastenhubschrauber ein Haus aus dem Schwarzwald hierher entführt? Ich stutzte. Derlei ist doch völlig unüblich in Franken! Da, musst du hin! Auch auf die Gefahr hin, als Eindringling abgewiesen zu werden. An einer Schmiede und an einem Wirtshaus vorbei; der Bogenschwung von zwei Gehöften; Landmaschinen, die sogleich an höchst lebendige Landwirtschaft erinnern; das Haus, einen Hang im Rücken, auf einem kleinen Buckel, einen Garten davor ... Was für ein Zauber: das breite HausAntlitz leuchtet durch seine zweigeschossige Veranda. So breit – und so anmutig zugleich. Zwei Balkonzeilen, vorspringend, unter dem Dach, mit dessen kleiner Krüppel-WalmdachNase; und vor dem Haus sitzt ein Mann, der meine Verwunderung zuerst mit einem typisch fränki-

schen Tadel erwidert: „Jaja, in Mallorca und in Thailand kennen sich die Leute heutzutage bestens aus, aber von den Schätzen der näheren Heimat hätten sie gar keine Ahnung!"
Ich sage dem Mann, dass wer „alles" sehen wolle, den habe der Teufel vergiftet. Und schon bot er mir einen Platz zum Sitzen an. Ja, sagte der auftauende Mann freundlich, viele hielten dieses Haus für ein Schwarzwälder Haus, aber das stimme nicht; im 18. Jahrhundert seien nämlich hierher evangelische Glaubensflüchtlinge gekommen, aus Kärnten. Ich wusste sogleich Bescheid;

auch in meines Vaters Verwandtschaft gab es „Exulanten" aus dem „Ländlein ob der Enns". Also Heimatvertriebene, denen das damals „preußische" Ansbacher Land Asyl gewährte; und diese Vertriebenen, zum Neuanfang bereit, wollten nicht lassen vom Baustil ihrer Heimat. Und so hat sich hier also eine einmalige Hauskostbarkeit gehalten – die mir hier, belebt, wesentlich lieber ist als wenn sie als Schaustück im Freiland-Museum stünde.
Unterdessen sind die „jungen Leute" emsig tätig; ein Ladewagen steht bereit; vor dem Stallgebäude sind Kälber

untergebracht – und im Gespräch macht der Mann kein Hehl daraus, wie eine einst blühende Landwirtschaft nach und nach in unserem politischen Klima abgewürgt wird ... Ungerührt vom Klagelied tummeln sich zwei rotgestreifte und zwei getigerte Kätzchen. Die beinah barock anmutende Pracht dieser Hausfassade! Der Mann geht ins Haus und zeigt mir Fotografien: als er noch arbeiten konnte, da habe seine Frau mehr Zeit gehabt, um die beiden Balkone mit Blumen noch mehr zum Blühen zu bringen, mit 200 Blumenstöcken. Nun beginnen im

Garten davor die Rosen zu blühen. Der
Mann versäumt nicht, daraufhinzuwei-
sen, dass ein Fotograf rechtzeitig am
Morgen kommen müsse, damit kein
Dachschatten auf die Wohlgestalt der
beiden BalkonFreiräume falle, so dass
man auch die Kunstfertigkeit der
Balken erkenne. Ah, diese vierkantigen
Säulen; der Rhythmus der Bretter, die
LinienFührung; der breite, erhabene
Schwung ... „Des Haus hat ein besonderes Gesicht!" sag ich, „sowas vergisst man nicht wieder!"
Und in seiner unnachahmlichen fränkischen Art sagt der Mann: „Schreiben'S
nix Unschöns!"
Wieder in Unterbüchlein schmunzelte
ich über ein vermeintliches Wirtshaus-
schild („Taverna kató biblirío"), freute
mich an Gärten in Oberbüchlein, ge-
wahrte ich Sichersdorf ein hübsches
Taubenhaus, und wieder einmal wun-

derte ich mich über das unversehrt
Stille dieser Landschaft, wo ein ural-
tes Fachwerkhaus soeben wieder hergerichtet wurde und das Wort „Was-
serwerk" so einen zutraulichen Klang
hat.

Im Gut Wolfgangshof

Auf der Landkarte mutet's wie ein Gehöft an; der Vorname als Name klingt
gut und lässt vielleicht an den Wolf-
gangsee denken.
Den Gaukelesberg herabfahrend, Richtung Anwanden, wähnte ich dort ein
barockes Gebäude. Stattlich das Ganze – durch versperrten Zaun blickend:
drei vorzüglich gebaute Längsriegel –
ein ortsüblicher Bauernhof ist das
nicht.
Die lapidare Tafel lesend: „Gut Wolfgangshof. 1903 von Alexander Graf
von Faber-Castell errichtet. Restauriert
1984 durch Anton W. Graf von Faber-
Castell".
Das dunkelviolette Plakat, „maison &
jardin" versprach Einlass. Gebühr ent-
richtet. Es regnete leicht. Die drei

stattlichen Längsgebäude: Stallungen, landwirtschaftliche Nutzhäuser, aufwändig gestaltet; Fachwerk auf hohem Niveau – vielleicht hatte der Begründer Güter in Ostpreußen vor Augen. Was mag aus den Bediensteten geworden sein?

So eine Mitgift wieder nutzen – was böte sich als Naheliegenderes an als so eine kleine Messe für Garten und Haus. In den Freiflächen die Schirme der Stände. Lustiges und Nützliches, bunt gemischt. Bewirtung ist dabei. Ich kann mir gut vorstellen, wie die Neugierigen von weither kommen und hier all das finden, was sie für ihre wohlhabenden Häuser noch brauchen könnten.

Gartenschmuck und Gartenzierrat. Dazwischen bruzzelt ein Ochse am Grill; exquisiter Wein wird angeboten; jemand zeigt allerlei Silberantiquitäten. Der einstige Stall als rustikale Verkaufsfläche. Warum nicht? Irgendwie war auch ich neugierig geworden – zwischen asiatischen Gartenschirmen, Keramikkugeln: so strapazierfähige GartenLiegestühle hatte ich schon lange nicht mehr gesehen – in Nürnberg hätte ich in dem Geschäft nicht danach gefragt. Und dann zeigte ein Mann eine nützliche Sache: einen Fugenkratzer, mit dem man zwischen Steinplatten im Garten garantiert alle noch so hartnäckigen Wurzeln herausbesen könnte. Das Gerät, 15,– Euro, ist vorzüglich – ich habe es noch am sel-

ben Tag in meinem Dorf eingesetzt – den Wolfgangshof-Unkraut-Herausreißer.

Weiter – über Lind

LÄNGS der Bahnlinie fahre ich wieder rückwärts, ostwärts: nach Rehdorf. Oh diese Mundwässrigmacher von Wirtshäusern in dieser Gegend! Zwei Wirtshäuser, BiergartenEinladungen. SpargelVerlockungen aus eigenem Anbau. NamensLockrufe: „Zur frischen Quelle", „Zur Jägerstube". Fahre weiter nach Lind. Der Karte nach eine Siedlung, angelegt wie ein Käsedreieck, im Waldkeil des Eichelbergs – Pioniersiedlung; auch da dieses Nur-Haus-an-NurHaus; mal so, mal so, mal mit Metall und Holz, beinah japanisch anmutend. Dazu diese Überraschung: ein Campanile am Straßenrand – der

Friedhof von Lind, und ich höre inwendig das schöne Wort „gelind" und ein „linder Wind"... Sogleich weht mir der Wind der Geschichte diesen Zusammenhang her, ablesbar aus dem Geschichtsbuch der Grabsteine: bestattet sind hier auch Menschen aus dem verschwundenen „Sudetenland" und aus dem „Böhmerwald". Gleich neben dem Friedhof das Meisengezwitscher eines Kindergartens – und ich genieße den Ausblick Richtung Nürnberg. Die „Linder Grube" bietet „gute Hausmannskost" an. Hier gibt es eine leicht verschobene, vierstrahlige Kreuzung in Hanglage – sie zu passieren bedarf es geradezu halsbrecherischen Mutes ... An der Bibertbrücke in Leichendorf ruft mir ein Mühlrad zu; der Gasthof an der Brücke wird im Notizbuch festgehalten – in der anschwellenden Registerabteilung „schöngelegene Wirtshäuser".

Zwiespältiges Gefühl in einer Hauptstraßenachse

EIGENTLICH prima: Du fährst über die Rednitz, verlässt Nürnberg und bist, ohne durch Fürth zu müssen, schon im Landkreis Fürth. Aber, wo bist du eigentlich? Westwärtsfahrend sagt dir ein Schild „Oberasbach", und sofort führt ein Stück Autobahn nach Zirndorf; linkerhand ging's nach Kreutles und Unterasbach.

Diese Hauptstraßenachse weiter: irgendwie nicht Fisch und nicht Fleisch – eher ein Gemisch aus allem; keine Mitte, keine markanten Zeichen; nur lang, sehr lang, so amerikanisch langgezogen.

Jetzt siehst du einen Zaun, ein Polizeigebäude dazu: „Achja, hier ist die Aufnahmestelle für Asylbewerber."

Wenn du selbst aus Somalia oder Burma hierherkämst ... „You enter Germany – das also ist das gelobte Land. My God, was für ein Gemisch! Was ist daran deutsch?"

Ohne Oberasbach sichtbar verlassen zu haben, bist du jetzt schon in Zirndorf; linkerhand ging's nach Zirndorf-Süd. Wo bist du?

Also das Ganze nochmals von vorne – ein paar Tage später.

Eigentlich doch ziemlich lebendig: Betriebe, Geschäfte, Lokale, Einkaufende; bunt gemischt, kein einheitlicher Stil, aber vielfältig und strotzend voller Tätigkeit.Dass die Grenzen zwischen zwei unmittelbar aneinander angrenzenden Städten so ‚durcheinandrig' verlaufen: dafür kannst du ja nichts, Eigentlich freut's dich, dass da soviel nebeneinander möglich ist –

vom chinesischen Restaurant bis zur exzellenten Druckerei. Nur eben eine Mitte, einen Mittelpunkt vermisst du. Wie dem auch sei: Eines Abends von Großhabersdorf ostwärts fahrend passt du ganz genau auf.

Zuerst bist du in Zirndorf, obwohl ‚das' Zirndorf doch nördlich davon liegt; na gut, wirds Zirndorf-Süd sein. Nun liest du, ohne die Straße zu wechseln, dass du zwar in Oberasbach bist, aber in Wirklichkeit im Ortsteil „Altenberg", und ein paar Straßen weiter ging's dann rechts ins ‚echte' Oberasbach. Es ist wie verhext.

Das Ganze mutet an wie ein Labyrinth, das sich erst später, rund um St. Markus, ein wenig lichtet. Vielleicht hat sich das Ganze nur deshalb so verwickelt, weil jemand zuviel „Asbach" getrunken hat?

„Unsere Kirche ist offen"

LAS auf einem Ortsschild: „Oberas-
bach/ Stadtteil Oberasbach". Seltsam,
dachte ich. An einer langen Häuserzei-
le, gegenüber dem weiten Grüngrund,
hört der Ort auf – und nach ein paar
Kurven durch Wiesenland: mit einem
Mal eine Dorfmitte. Wirtshaus an
Wirtshaus; der uralte Zauber eines
Dorfes, samt Milchhaus – und kleinem
Kirchlein. Sah das leuchtende Lock-
schild: „Unsere Kirche ist offen!" Nahm
die Einladung an. Klang freundlich:
„Treten Sie ein!"
Ein Kirchgarten, wie in einem Bilderbuch: Rosenholz und Rosenstolz.
Bunte Männchen verrieten den Kindergarten gleich dabei. Dazu ein stattli-
cher Magnolienbaum.
Sacht rötlich außen: Sankt Lorenz – der
auf dem Rost Gemarterte. Blaue Tür.
Im Kreuzrippengewölbe des Chorturms,
schön verziert: die Zeichen der vier
Evangelisten. Saß da – nahm mir das
unermesslich reiche Evangelische

Gesangbuch zur Hand, las; las den
Segen N° 902 – blätterte, und sang,
mutterseelenallein, das Lied N° 163:
„Unsern Ausgang segne Gott, unsern
Eingang gleichermaßen ..." Stell dir
vor: immer mehr Menschen verabrede-
ten sich so: „Morgen um Viertel nach
sechs Uhr abends – auf fünf Minuten
zum Miteinander beten ..."

Fürther „Landgemisch"

AUCH in Fürth's Land gibt es das un-
aufwändigste Vergnügen des Hinein-
spitzens: wenn man sich in einem
Lokal niederlässt und die entsprechen-
den Einträge im Telefonbuch durchstö-
bert: zwischen Ammerndorf, Cadolzburg, Großhabersdorf, Langenzenn,
Puschendorf, Roßtal und Wilherms-

dorf. Sie alle gehören zum „Telefonbuch N° 73"; die anderen Orte, wie
Seukendorf, Stein, Veitsbronn und Zirndorf gehören zum „Telefonbuch N° 72".
'Das' Telefonbuch ist sozusagen die
objektivste und nüchternste Form der
Selbstdarstellung: einfacher, oft vielsa-
gender Existenznachweis.
Wer beispielsweise liest: „Zur alten
Schmiede" oder „Zum Lindenbaum",
der weiß, das kann nur heißen „Du bist
willkommen!" In Cadolzburg aß ich
zum ersten Mal „gebratenen Rettich".
Was für eine entzückende Lage hat der
„Kressenhof" in Oedenreuth vorzuweisen – und auch das andere Wirtshaus
liegt einladend.
In Stöckach Gehöfte mit Nuss- und
Kastanienbäumen geschmückt: Einladung zum Direkteinkauf, und an einer
Hauswand der Spruch: „Wir säen mit
Hoffnung und ernten mit Dank". Schön
gelegen an der Bibert der „Hofladen"
der Kernmühle. Wieder so ein typi-
sches „Großgenug". Und wenn in
Ammerndorf die „Sonne" Rehwild
anbietet, „frisch erlegt", dann ist Vor-
bestellung erforderlich. Lauter Quer-
verbindungen, die das 'LandGemisch'
erschließen. Quer-Verbindungen: wie
der neue Glasverbindungssteg am
Rathaus von Zirndorf, dessen Trausaal
Glasfenster schmücken. In diese 'bunte
Mischung' fügt sich mühelos ein die
'FleißInsel' der sich ausbreitenden
Industrie rund um die aufstrebende
Schwadermühle.

„So schönes Spielzeug ..."

ABER Mareike weinte. Sie weinte so bitterlich, wie eben nur ein Kind weinen kann, und dabei ist die Tochter eines Freundes aus der Schweiz ein überaus kluges Kind. Da ich selber, noch immer, überaus gerne spiele, wollte ich ihr die entzückende Sammlung Blechspielzeug im hübschen Fachwerkhaus vom „Museum Zirndorf" zeigen, denn wenn ein junger Mensch nur im Erdgeschoss etwas zu sehen bekommt, ertrinkt er nicht in der Fülle der Dinge.

Ich wusste längst, dass die goldenen Zeiten des Blechspielzeugs vorbei sind – Zirndorf war einmal eine Hochburg solcher Herstellungskunst. Ach, diese Namen: Wüco, Erdel, Voit, Schopper, Ruff, Prottengeier, Uhlherr, Seidel und Zimmermann ... Kaum zu glauben, dass in der „Boomzeit" bis 1913 rund 85 % der Spielzeugproduktion Deutschlands in den Export gingen ... Heimarbeiter waren beschäftigt, und zwischen 1880 und 1995 hat es 21 solcher Firmen in Zirndorf gegeben: „Metalldrückereien". Mareike war ganz selig, als sie eine

ZIRNDORF

aufziehbare „Sandbahn" sah: zu Lok und Kippwagen gehörte auch ein Förderband. Unbedingt wollte sie in all die Blastrompeten pusten und die KlangRührtrommeln drehen. Auch die Lastautos gefielen ihr, ebenso Puppenwägen und ein Ruderboot mit echten Ruderern. Sie lachte über eine Loreto-Kapelle als Spardose ebenso wie über den Schwarm der „Knatterboote", die mit Esbitfeuer Wasser zum Dampfen bringen, das durch Rohre unter Wasser entweicht und dadurch mit Rückstoßkraft antreibt. Schallend lachte sie

über einen Schwimmpanzer und angesichts der bunten Kreisel ahmte sie die AufdrehBewegung nach und summte dazu. „Das kleine Fährboot schaut ja genauso aus", sagte sie, „wie die Autofähre über den Bodensee!" Immer wieder hörte ich ihr „schau mal!". Auch mein Herz lachte: als ich einen silberglänzenden Gelenktriebwagen in einer der Vitrinen sah: „Siehst du, Mareike, so einen hatte ich als Kind, vor mehr als 50 Jahren ... Und das alles wird heute nicht mehr gemacht, gibt es nicht mehr."

Da brach es aus Mareike heraus: „Dann sind das ja alles Saurier, die ausgestorben sind! Keine Mammi und kein Pappi kann das mehr für ihre Kinder zum Geschenken kaufen! Warum mögen denn bei euch die Eltern ihre Kinder nicht mehr? Habt ihr denn kein Blech mehr bei euch?"
Mareike schluchzte und ihre Tränen liefen an den Glaswänden der Vitrinen herab. Es wäre sinnlos gewesen, ihr etwas über den grausamen Weltmarkt zu erzählen, die Standortnachteile deutscher Hersteller. Mareike weinte, als

spielhaus, da sind doch zwei Wächter! Einer sitzt, einer steht. Haben die denn nicht aufpassen können? Diese Schlafmützen!"

Blick in BitterZeit

Auf dem bäumebestandenen Platz vor der evangelischen Kirche von Zirndorf erinnert noch ein Denkmal an die „Opfer des Krieges 1870–71". Lange her. Die meisten von den wenigen waren in Orten mit französischen Namen gefallen. Bei einem Rundgang waren mir an zwei Fachwerkhäusern Hinweisschilder aufgefallen, die an den „30-jährigen Krieg" erinnern. Noch länger her. Ist es der Rede noch wert? Absichtslos war ich einmal in die oberen Räume vom „Museum Zirndorf"

ob all das schöne Blechspielzeug vor ihren Augen im Bodensee versänke. Es half nicht, dass sie sich einen überaus hübschen Blechkreisel aussuchen durfte an der Kasse, der, wenn er sich schnell dreht, dank eines verborgenen Magnets zwei Blechschlänglein um sich schlängelnd bewegen lässt. „Das gibts nicht mehr! Das schöne Spielzeug gibts nicht mehr ..."
Erst als ich der Untröstlichen versprach, dass es aber aus einem ganz anderen Material diese hübschen Play-Mobil-Figuren gibt, die wir morgen anschauen könnten – in derselben Stadt, da ließ ihr Tränenstrom nach. Und wo wir einen glatten Untergrund fanden, ließ sie den Blech-Kreisel, „Made in India", seine Blechschlänglein sich schlängeln – und ich hatte wohlweislich gleich noch fünf weitere,

anders bunt bedruckte zur Reserve gekauft.
Mit einem Mal schaute mich Mareike ganz entgeistert an und sagte: „Aber auf der dunklen Treppe in dem Blech-

gegangen: Ach ja, Wallensteins Lager und der Schwedenkönig Gustav ... Seltsam, denke ich immer wieder, dass in der Fürther Gustavstraße an diesen Räuberhauptmann erinnert wird, dem Erfinder des „Schwedentrunks" – wobei gefangenen Gegnern Odel zwangsweise verabreicht wurde.

Alles längst vorbei!

Doch da stutzte ich: ein unscheinbares „Triangelgeschütz" fiel mir auf: ein „Orgel- oder Salvengeschütz".

Nanu!

Es gab also schon während des 30-jährigen Krieges eine Art „StalinOrgel" ... Ich las: Während dieser Schlachten starben rund 19 000 schwedische Verwundete. Anno 1632 waren zwei Drittel der Bevölkerung rund um Zirndorf „draufgegangen".

Seinerzeit zogen Soldatenweiber samt Kindern mit, sie waren beim „Tross", also bei der „Bagage". Das Gezänk und Getümmel kann man sich vorstellen – daher rührt unser Schimpfwort: „So eine Bagage!" Aufgepasst hat damals ein „Hurenwaibel".

Ich sah zum ersten Mal bewusst die flachenmäßige Ausdehnung jenes „Lagers" – zwischen dem heutigen Zirndorf, Altenberg, Ober- und Unterasbach.

Die unversorgten Verwundeten – an Wundbrand krepiert. Mit einem Mal wurde mir ganz übel. Ich vermeinte den „Prolog" aus Schillers „Wallenstein" zu hören: „Ein Tummelplatz der Waffen ist das Reich, Verödet sind die Städte ... Der Bürger gilt nichts mehr, der Krieger alles, Straflose Frechheit spricht den Sitten Hohn ..."

Seltsam, durchfuhr's mich, dass der Dichter Friedrich Schiller auch eine grandiose „Geschichte des Dreißigjährigen Krieges" geschrieben hat, im Jahre 1791 erschienen. Seltsam bittere Wahrheiten darin: „Das Recht hat nur Entscheidungen für denkbare Fälle ... Wenn das Recht nicht entscheiden kann, so tut es die Stärke ... Schwer ist es, aus dem Geschrei erhitzter Parteien die Stimme der Wahrheit zu unterscheiden ..."

Jählings musste ich an das Kosovo denken.

Was doch so ein paar Museumsräume auslösen können! Ich müsste wieder einmal in Golo Manns „Deutscher Geschichte" nachlesen! Golo Mann, unser GeschichteErzähler schlechthin, hat einmal, auf die Zeit des „3. Reiches" blickend, gesagt: „Wo das möglich war, wird immer alles möglich sein." Und schon dachte ich: du musst unbedingt hier, vor Ort, Jakob Wassermanns Roman „Die Juden von Zirndorf" lesen! Als da vertriebene Juden ins Fränkische kamen „und viele wieder zurück nach Fürth zogen" ... „Die Juden sind ein starkes und störrisches Volk; doch sind sie nur groß, wenn ein wenig Gelingen bei ihnen wohnt ... Einige Familien der österreichischen Vertriebenen, die große Not litten ...,

siedelten in dem stillen Tal an ... Jener Ort, der mit Erlaubnis des freundlichen Herrn von Onolzbach gegründet wurde, hieß zuerst Zionsdorf, welcher Name dann durch die einwandernden Christen in Zirndorf umgewandelt wurde ..." Soweit Jakob Wassermann.

Zwischen Bier und St. Rochus

Aus den „Pinder barracks" ist der „Pinder Park" geworden – von den amerikanischen Truppen keine Spur mehr, dafür BauNeuland: das Helle und Lichte des neuen Landratsamtes hat nichts mehr vom Abstoßenden eines „Amtes". Um die Randlage wird Weiteres wachsen – nur der EingangsTurm blieb als Zeichen. Von da in den Herzkern des Ortes ist's eigentlich nur ein Katzensprung – und schon ist sie wieder da, die BauGemütlichkeit Mittelfrankens. Beinah grazil die zahlreichen FachwerkObergeschosse und dazu das belebende Element von Gewinkel und Steigungen: im dicht bebauten Quadrat zwischen Bahnhof und „Hauptstraße". Eigentlich ist dieser Herzkern ein Rechteck, begrenzt durch das BrauereiGelände, die beiden Achsen von „Bahnhof-" und „Nürnberger Straße", beschlossen von der Wallensteinstraße, mit ihren Gründflächen und dem Winkelbogen des so schön mittendrin gelegenen Friedhofs.

ZirnDorf mit seinem „DorfPlatz", der mit seinen abzweigenden Straßen wie ein Sternplatz anmutet. Wo du auch hinschaust: einladende Wirtshäuser, GastHäuser mit den vertrauener-weckenden Winken der „Ausleger". Straßen mit lauter verschiedenen Häu-sern, jedes sagt auf seine Weise: „Ich bin ich, doch ohne den Zusammenhalt mit all den anderen wär' ich nichts!" Farbenspiele an Fassaden: Das Lock-Grau vom Museum; das OchsenblutRot der einstigen „Badestube" während des 30-jährigen Krieges; das kecke FensterladenBlau von „Gasthof &

Pension" macht aus dem FachwerkRot und dem Weiß der Gefache einen Dreiklang.
Am Rathaus eine Art „Bauchbinde" aus abstrahierten Figuren – ha, und dann diese wehmutstropfenschöne Erinnerung vor der Sparkasse: Das Ge-bilde aus „Pfennigen" aus der „guten alten Deutsche-Mark-Zeit"! Dazu passt ein Spruch, den ich an der hübsch gestalteten Rückseite der Schule sah, nahe beim „Zimmermannspark":
„Spare in der Zeit / so hast du in der Not". Wie sagte doch neulich ein „Nationalökonom": „Sparen heißt, vom

Erwirtschafteten etwas auf die Seite legen – und nicht laufend 'einsparen'!" Kontraste innerorts: Das DunkelStren-ge des Kirchplatzes, im Schatten der Bäume, und davor die Heiterkeit eines Geschäfts für Kinderbedarf: „Sommer-sprosse".
Ich bin immer wieder dankbar für nebenbei aufzuschnappende Hinweise: Hier also, im einstigen „Kantorats-Haus" kam der Sozialdemokrat Karl Grillenberger auf die Welt – im „Revo-lutionsjahr" 1848.
Auch das wusste ich nicht: dass das berühmte „Zirndorfer Bier" auf Initia-

tive der Markgrafen von Ansbach gebraut wurde – im Jahr 1674.

Es ist ein Jammer, wenn so ein BauEnsemble nicht mehr im ursprünglichen Sinne genutzt werden kann. Wenigstens dem Namen nach gibt's noch das „Zirndorfer Bier", und im bezaubernd gelegenen Wirtsgarten lockt eine reichhaltige Speisekarte. Ach, wie können Franken bisweilen heiter erfinderisch sein: der „Bräuschank" hieß „Lustige Lena".

Jeden Samstag ist hier der „Zirndorfer Bauernmarkt". Dann durch eine geradezu ländliche Schmalgasse an den beiden stattlichen Pfarrhäusern vorbei mit ihren Gärten. Der „Koppenplatz" ist auch so ein Juwel – mit seinem „Kreisel-Brunnen" ans BrummKreisel-Vergnügen im Museum erinnernd ... Im „Zimmermannspark", mit seinen stattlichen „LebensBäumen", den Zypressen, traf ich den Bruder der „Lustigen Lena". Kann mir gut vorstellen, dass der mit seiner „Quetschn" Stimmung und Umsatz in jedem Wirtshaus hebt. Gleich in nächster Nähe ein „Boule"-Platz, samt Spielregeln. Und eh du dich versiehst: vergnügte Stimmen; Pensionisten, die gerade vom Französischunterricht kommen, spielen, dass die glänzenden Kugeln nur so durcheinanderknallen, um so nah wie möglich ans „Schweinchen" zu kommen.

Und auch das will ich hervorheben: Die Vielzahl der Läden und Geschäfte –

besonders geglückt in der „SchritttempoStraße", der „Nürnberger Straße", wo das Vorhandene vom schwerfällig Altertümlichen befreit und auf heutigen Hochglanz gebracht worden ist. Die neugestaltete Nürnberger Straße mit dem eleganten Aufgang von dem kleinen Marien-Kirchlein her: das hat innerörtlichen Charme. Das kleintürmige Kirchlein, das mich an Urkirchen in Georgien erinnert, prunkt mit einem Portal, das hübscher Augentrug ist, ein „trompe d'œil": das perspektivisch Gemalte ist nur trügerischer Schein. Gut gefiel mir auch der mitten ins Leben hineingebaute evangelisch-lutherische Rochusfricdhof; cinc dcr Grabfiguren hat etwas Himmelweisendes, eine andere gleicht beinah einer mexikanischen BeschwörungsGestalt. Auf dem Waldfriedhof fiel mir auf einem ‚ganz normalen Sockel' ein Kubus aus Edelstahl auf: ein Würfel ganz ohne Worte; ein fünfscheibiger Quadratwürfel, dessen linke und rechte Seitenscheibe nach vorne, beziehungsweise nach hinten versetzt sind, so daß eine eigensinnige Spannung entsteht. In der Mitte dieser Stahlskulptur verlaufen die Muldentupfen, wie von Schussern eingedrückt: als wären es Abdrücke von Regentropfen. Kein Beiwerk sonst, nur diese Tropfen-MuldenLinie. Ein kühnes Gedenken – an den eigenwilligen Maler Egon Eppich (1927–1982), einen der Großen unserer modernen Kunst, immer wie

der zur „neuen Lösung" drängend. Ganz in der Nähe des ‚Europa-Brunnens' ist das Haus des Malers Rudolf Lumm. In seinem Hinterhof geht's an den Mauerwänden lustig zu: dort hat er lauter „wamperte Wohlstandsbürger" karrikiert. Manches Bild wirkt erheiternd, manches ist voller Anmut – wenn der Maler im dichten Schneetreiben durch Zirndorf geht, wo sich zwischen ‚originalen' Häusern allerlei ‚beißt', und das kalte ‚Nützliche' über das ‚Schöne' triumphiert. Sein Malerblick gilt dem ‚Echten' von einst. In seiner Hommage an den „Landkreis Fürth", worin alle Orte vorkommen, hat cr mit Nachdruck allen Fachwerkzauber hervorgehoben und alles andere als ‚unmalerisch' weggelassen. Lumms eigensinnige Malfreude vergrößert das ihm wichtige ‚Echte'. ‚Eigensinnig' wirkt ja auch Zirndorfs „Rote Straße" mit etlichen ansprechenden Hausgestalten.

„Das Beste kommt immer zum Schluss!" Meine Leser werden es ahnen: Es ist die BilderÜberraschung in St. Rochus.

Derlei hätte ich im kirchensprödcn Mittelfranken nicht erwartet; ich kannte Vergleichbares bislang nur aus Oberfranken: die EmporenBemalungen von Regnitzlosau, Pilgramsreuth, Kirchgattendorf und Mistelbach (bei Bayreuth). Oh diese MalereiBlüte des 18. Jahrhunderts!

44 Bilder in den Brüstungsfeldern von Haupt- und Orgelempore.
44 mal eindringliche Szenen aus Altem und Neuem Testament.
44 BilderExtrakte aus der Heiligen Schrift.
44 BibelStellen wie SternBilder.
Wie da sieben Löwen den Daniel wie gebändigt umschnurren, als wären's zahme Großkatzen.
Wie Jesus im Boot schläft und ringsum tobt der Sturm und die kleingläubigen Jünger sind fast schon verzweifelt über den Langmut des Herrn.
Wie wütend eine Drache ...
Wie barmherzig ein Samariter ...

Wie Sieben ihre Steine auf den Stefanus werfen, dessen Glauben niemand etwas anhaben kann.
Wie groß das Staunen über die Wasser-zu-Wein-Verwandlung in Kanaa ...
Wie ungewöhnlich viele Gaffer den Gekreuzigten umlungern ...
Und dann, in einer Ecke, fast vom Altar verdeckt: Jesus, ganz allein, von allen verlassen, betend am nachtdunklen Ölberg.
Diese BilderUnerschöpflichkeit unserer Bibel – ist sie nicht auch schon ein Wunder?
Und dazu die treuherzige Widmung der Stifter dieser Bilder: „Dieße Obere

Emborkirche haben Gott zu Ehren und dießer Kirchen zur Zierde illuminieren und mahlen lassen nebenstehende Christliche Eheleuth / Johann Georg Siebenkäß, Müller zu Leuchendorff und Walburgis, deßen Ehewirtin, A. 1714.“
Ihrer Stiftung wegen allein lohnt sich die Reise in des Landkreises bunte Hauptstadt.

Hasel, Barbe, Nase

DASS zu Zirndorf „Fischerfest“ und der „1. Fischereiverein“ gehören, ist bekannt, aber dass dieser Verein eigentlich eine FischWasser-Kolonialmacht ist, das erstaunt einen schon! Die Bibert allein scheint nicht zu genügen: Der 1964 gegründete 'Anglerclub' bewirtschaftet inzwischen rund 116 Hektar Gewässerfläche – 85,9 ha in Eigentum, 30,8 ha als Pachtgewässer. Soviel hat die Bibert wahrlich nicht. Wieso also Gewässerkäufe an Zenn, Rednitz, Pegnitz und Regnitz, gar an Wörnitz, Schwarzach und Schwarzer Laaber, samt einem ganzen Baggersee bei Großmehring? Da Gewässer ja nicht vermehrbar sind, aber immer mehr Angler gerne fischen möchten, gilt es, diesen Zustrom zu regeln und möglicher Willkür von Wasserverpächtern einen Riegel vorzuschieben. Man muss also möglichst viel Flusswasser „sicher" haben, um es 'fisch-sinn-voll' bewirtschaften zu können – also auch mit Fischereirechten. Zirndorf – als eine FischwasserGroßmacht ...

Eigentlich kennst du ja nur Karpfen und Forellen, dazu Zander und Hecht! Wenn du dich doch in ein „Bachneunauge" verwandeln könntest, um fortan sicher bei heimischen Fischen unterscheiden zu können: die „kieslaichenden", die „kies- und krautlaichenden" und die nur „krautlaichenden" Fischarten ...

Und so schöne Namen haben die Silberflitzer, mit manchmal rötlichen Flossen, hierzufluss: „Hasel, Barbe und Nase".

Oh! So ein Blick!

NIE beachtet, bislang. Wegwerfende Handbewegung: „Die Zirndorfer, mit ihrer Alten Veste!" Heute: der Wink: Ausfahrt „Zirndorf-Nord". Zirndorfs Norden als Südhang für eine Fülle von Einfamilienhäusern mit Gärten. Jetzt: der Wald, ansteigend; ein Sandsteinbuckel, so ähnlich wie unter der Nürnberger Kaiserburg. Darauf: Der Turm. Ein Schild: „1632": die Schlacht um die „Alte Feste".

Hinaufsteigen, Sgraffitti lesen, Treppe um Treppe um Treppe. Immer noch NurBaumGrün. UrwaldLaubGrün. Immer noch Treppen. Wind pfeift. Nun über der BaumGrenze. Aber jetzt! Osten: Berge, schwarzblau – weit hinter Fürth-Nürnberg.

Norden: StadtLand und Horizont.

Süden: Zirndorf, Oberasbach, Stein.

Westen: Waldrücken. WeitMeerLand.

LandWeitMeer: Felder und Wälder.
Kaum ein Haus.
Weitausschwingende FastUnendlichkeit.
Stehst wie in einem Mastkorb der Caravelle „Alte Veste": Wogendes Landmeer: Besonder'Land.

Stichbahnfahrt

DAS wunderte den Reisenden: im Bahnhofsgebäude von Zirndorf ist noch ein Mensch hinter dem „Schalter", bei altertümlich anmutenden WeichenstellHebeln, und verkauft ihm den Fahrschein. Am Zeitungskiosk geht er vorbei; im Nebengebäude, das vielleicht einmal der Güterabfertigung diente, ein Bistro mit hellgrünem Büffet aus Omas Zeiten und an der Wand hängt eine Schublade wie ein Bilderrahmen mit allerlei Gegenständen da-

rin. Er stärkt sich mit Käsebrezel und Bier. Auf dem Bahnsteig, denkt er, muss es fürchterlich für drei Menschen aus Ostasien sein, wenn sie nicht mal den Fahrplan lesen könnten. Für den, der Zeit hat, fährt der Triebwagen rasch genug.
Wie gut, denkt er, dass es neue Betriebshallen am Ortsrand gibt. Ein Spielplatz. Siedlungshäuser kuscheln in der Waldpassage. „Weiherhof", mit Wartebude. Weiher im Wald. Er liest in Maughams „Notizbuch": „Wie glücklich ist der Mensch, der die Ver-

– NACH CADOLZBURG

zauberung durch die Natur hinnehmen kann, ohne den Zauber analysieren zu wollen!"
Am Haltepunkt „Egersdorf" müht sich eine mulattenbraune Frau mit ihrem hübschen Kind aus dem Zug. Die Bahnlinie steigt an. Felder, Fabriken, Gewerbe.
Der Sackbahnhof in Cadolzburg: wie wenn er zur Lärmvermeidung weit außerhalb angelegt worden wäre. Der Ort beginnt mit einem Park. Der Reisende, der Zeit hat, liest am „evang.-luth. Kindergarten" den Namen: „Zur

heiligen Heid". So eine Heilige kennt er nicht. Er geht am Haus der Diakonie vorbei, schlendert durch den schmalen Sichelbogen eines Friedhofsfeldes; dann freut er sich an den Leuchtfarbenspeeren der Malwen in Gärten und bricht sich einen Zweig von der „Blasenesche", deren Samenhüllen wie grünseidige kleine Saublasen aussehen.
Auf dem Rückweg vom „Luftschnappen mit der Bahn" zum Bahnhof fragt er sich, was bei den erst gebaut werdenden „Familienhäusern" das „Ran-

gau-Flair" sein wird. Auch rechnet er, wie lange ein normaler Mensch braucht, um die 201 950 Euro für 121 m^2 „Haus" zu erarbeiten.
Die Vorhalle des Bahnhofs mit Bogenschwüngen wäre noch hübscher, wenn der Boden nicht so verdreckt wäre. Ungewöhnlich kraftstrotzend muten die wenigen Weichenstellhebel an, und er betrachtet die raffinierte WagenVerschiebeBühne vor einer Bahnhalle. Ungewöhnlich kommt ihm der SignalmastRiese vor; der scheint noch aus Dampflokzeiten zu stammen.

Entzückend mutet ihn das elegante „Blaukant" auf dem Weiß des Kindergartens an. Auf der Wiese blühen JohanniskrautGelb, Blutweidenröschen-Rosa, KamillenWeiß und Distel-Blau. Für das besprayte Wartehäuschen am „Hp. Egersdorf" notiert er „schäbig".

Wieder schnurrt der Zug durch den Wald. Weder Elch noch Hirsch. Wenn hier jemandem weder Meer noch Alpengebirge fehlt, kann er im Weit-Ausschwingenden gut wohnen. Bald wird in Zirndorf das „Eichenhain-Festival" auf ihn warten. Was aber, überlegt er, hätte ein Fremder am Bahnhof gemacht: ohne Stadtplan, ohne Willkommen, weit und breit kein Ort ... Vielleicht wäre er gleich mit einer der 4 Buslinien, Einstieg beim Bahnhof, weitergefahren?

CADOLZBURG – FÜRTH

fährt Samstag			fährt Sonntag	
0.35	nicht 25.Dez, 1.+7.Jan		6.32	nicht Dez 24,31 auch 25,1.1
7.02	"	1.+6.Jan	8.32	"
8.02	"	"	10.32	"
9.02	"	"	12.32	"
10.02	"	"	14.32	"
11.02	"	"	16.32	"
12.02	"	"	18.32	"
13.02	"	"	20.32	"
14.02	"	"	22.32	"
15.02	"	"		
16.02	"	"		Bitte genau lesen!
17.02	"	"		Gültig bis
19.02	"	"		31.12.05
21.02	nicht 25.Dez +1.Jan	fährt 24.31. Dez		
23.02	nicht 25.12+1.1.	fährt 24.12+31.12		

Charakterkopf Cadolzburg

KECK der Turm, der AussichtsTurm, der von Norden her anmutet, als gehörte er zur Burg. Die aber, aus Nordwesten gesehen, wirkt wie ein runder Schiffsbug. Die einzige Burg im Landkreis. 1945 ein brennendes Wrack, ausgebrannt. Kann mich noch entsinnen, wie wir im wiederaufgebauten, aber noch ganz kahlen InnenRiesenraum der Nordseite, mit dem Landtagsabgeordneten Günter Gabsteiger Pläne schmiedeten: ganz unten Steinsammlungen, und ganz oben das „Haus der Fränkischen Literatur" ... So eine schöne, vor dem Verfall gerettete Burg – ein geldfressender Drache. Trotzdem: wieder nutzbar machen; Wort und Musik klingen gut bis unters Dach – doch selbst im Hochsommer saukalt.

Trotzdem! Diese Burgnase von Cadolzburg gibt dem Ort ein Gesicht. Von fernher nicht zu sehen: die Schluchttiefe an seinen Burgseiten, worauf eigensinnige Treppengassen und Steilwege antworten. Wieder einmal das GutGebautErlebnis eines stattlichen Ortes: SteinLockrufe von Burg, Tortürmen und Häusern – und im Frühjahr das allerjapanischste Zartweiß der Kirschbaumblüte. Wie ein Zauberruf klingt's: „in die Blööih!" So zart kann die fränkische Seele sein – manchmal. Durchs „Brusela", das Obere Tor: leicht fallend geht's fast ebenerdig zum Burgtor und ebenbürtig: Geschichte da wie dort. Seltsam, denkt der Besucher, dass all die schönen Wohnsiedlungen außenherum keine „Geschichte" vorweisen können. Aber mittendrin! Der eine Bürgermeister sorgte dafür, dass

1892 die Bahn von Zirndorf hierher gebaut worden ist – mit viel „Eigenmitteln", wie in Zirndorf auch. Derselbe Bürgermeister hat den Aussichtsturm errichten lassen, die Wasserleitung, eine Kinderschule, die Leichenhalle und 1911 das elektrische Licht: „Der Toten Tatenruhm" ...
Ein anderer 1. Bürgermeister wird als „Lokalbotaniker" gerühmt. Vielleicht wird ihm zu Ehren und uns zum Augenöffnen ein Botanischer Lustgarten hier angelegt ... Da lächelt schon das Mädchen auf dem „Brestlibrunnen", erdbeersüß.
Die Straßenachse zur Burg. Steinbilder am Tor. Wie gut, wenn ein Ort mit

Notenzeilen an einem Brunnen, wasserplätschernd und musikalisch, an einen weiteren wichtigen Kopf erinnern kann: Johann Georg Pisendel (1687–1755). Albrecht Treuheit hat mich einmal mit der klangschönen CD erfreut: „Concerti con varii strumenti". Wie gut zu wissen: schon lange vor uns hat einer die Welt mit Musik bereichert. Der am 2. Weihnachtstag Geborene hat als „Chorknabe" in der Residenzstadt Ansbach viel gelernt; in Weimar hat er Johann Sebastian Bach besucht, in Leipzig studiert; in Eisenach begegnete er Georg Philipp Telemann; in Dresden hat er als Geiger und „Concertmeister" bis zum Tode

gewirkt. Deutschlandweite Ausstrahlung von Cadolzburg ausgehend. Aber nur vom Vergangenen lässt sich nicht zehren; zwar hält sich alter Wein lange, aber ohne neuen Wein in neuen Schläuchen würden wir, auch klanglich, verdursten. Immerzu gälte es zu summen: „You must have beginners mind" – wie es der in Wachendorf aufgewachsene Komponist Walter Zimmermann für's Klavier geschrieben hat. Pisendel, las ich, war ein „großzügiger Förderer junger Talente". Also nicht nur „Jugendblasorchester", „Posaunenchor", „Musikschulen" und „Musikzug der FFW" fördern, sondern auch „Kunst-Ersinner" von heute – wie wär's denn mit einem „Pisendel-Preis" vom Landkreis Fürth? Vielleicht lässt er

sich mit „Riegelein"-Schokolade finanziell versüßen? Anstelle der vielfältigen „Zünfte" von einst fehlt es ja nicht an produktivem Gewerbe ringsum. Ich denke an „CADOLto" aus „CADOLzburg".

Wie es sich bei solchen Gedanken trifft: Las eben das Schild der Burgschänke: „Musikantenfreundliches Wirtshaus". Derlei sah ich sonst noch nie. Und auch diese Einladung ist „göttli": „Vespern nach der Kerch" – so lässt sich „fränkisch Brunchen" auch schmackhaft machen.

Ich ging am Hausgeniste rund um die Kirche vorbei, freute mich an einem BrombeerBogen, an Gärten in der „Kirschengasse". Und immer wieder das Glitzern des Quarzitsandsteins

vom Dillenberg. Und wieder die Faszination des Dauerhaften, des Haltbaren, des Fortdauernden: Heute Gottesdienst in der beispielhaften „Markgrafenkirche" St. Cäcilia, 1757 erbaut im „Markgrafenstil" des Johann David Steingruber (1702–1787). Einerseits das Immerwährende der „Heiligen der Kirchenmusik", der Hl. Cäcilie, der Joseph Haydn ehrfürchtig eine Messe gewidmet hat, andererseits mitschwingendes „Seinerzeit" mit der Kartusche im Kanzelaltar, wo das „CWF" prangt, das Zeichen vom Markgrafen Carl Wilhelm Friedrich (1712–1757). Wenn darüber heutzutage jemand den Kopf schüttelte – „so eine Vormundschaft!" –, dann braucht man ihm nur zu entgegen: „Und was sagst du zum 'Play-MobilStadion' in Fürth? Na also!" Zum „Adventsmarkt" werden wir wieder kommen.

Beherzte Frau

Oft wird ihr Name genannt: „Kreisbäuerin" von einst. Vorbei an der Schokoladenfabrik, „Riegelein"-Gutklang. Plötzlich ganz ländlich: Schafe, Esel, Felder, und so stattlich: „Der Bauhof". Nanette Herz – und mit einem Mal zieht 'Zeit' wie eine Karawane von weit her. Eine betagte Frau, munter, hellwach: 70 milchliefernde Betriebe gab's mal in Cadolzburg, heute keinen mehr. Trotzdem: ein Leben für 'die'

Landwirtschaft. Jaja: „des wächst'si aus mit der Generation." Wer nicht 80 bis 100 Kühe hat, der muss aufgeben. Damals, lange her, 1962, da haben 'die' Männer den Ton angegeben – und sie, im eigenen Betrieb, mit Familie: plötzlich wird sie als Frau gewählt – ihr Mann murrt, sagt eine Woche lang nichts, aber dann: „Etz is ersu – etz müss'mer zsammhaltn!" Gesagt, getan: Ortsbäuerin, Kreisbäuerin – bis 1992. Mitwirken, dass die Bauern „nicht untergebuttert" werden. Sich Wissen aneignen: die beherzte Frau war nicht nur in den USA; sie ist weit herumgekommen. Sie weiß, dass man den Boden „nicht verhungern lassen" darf – also düngen. Sie weiß: mehr Ertrag ist mehr Einkommen. Sie kennt das gefährliche Konkurrenzdenken, wenn einer sagt: „Ich muss noch größer werden als der ..." Und all diese Stufen der Veränderung: Ureinst waren da 3 Deckhengste; anno 1953 der erste Schlepper.

Sich mal von jemand anderem den eigenen Betrieb „durchrechnen" lassen. Wie sie sich mit den „Milchquoten" herumgeschlagen haben; und jetzt werden die „Tabaksubventionen" wegfallen; auch mit den Zuckerrüben wirds nimmer lang gehen – da baut jetzt schon mancher Haselnüsse an ... Und plötzlich dieses zuversichtliche Leuchten in den Augen: Das Land um Fürth herum, „das ist bester Boden für Kartoffeln!"

Als sie als 'Ortsbäuerin' begann, gabs für die 'Landfrauen' keine eigene Schule; da haben sie mit einer „Winterschule" begonnen; Strohsterne haben sie gebastelt; einen Betrieb zu führen gelernt – und immer wieder Gemeinschaftserlebnisse. Dazu ihre Neugierde auf die Welt – sie reist in die Ukraine. Wie es immer wieder ging: Betrieb und Leben zusammenzubringen: gern hat sie's gehört, wenn ihr Mann sagte: „Frau, schick' di! Heut abend ist Volkstanz!"

Lang hat sie erzählt; mit einem Mal tischt sie ein köstliches Vesper auf, nimmt einen beschrifteten Würfel zur Hand – das obenliegende Gebet werden wir sprechen; ein „Gebetswürfel" als Anregung. Und wieder kommt sie ins Schwärmen: dass sie schreibt, Sei-

dentücher macht, Wachsmodelformen gießt; da und dort allerlei „Gruhscht", dazu Möbelerbstücke aus dem Deberndorf Schloss. Broschen macht sie und hat ein reichhaltiges Kochbuch für die 'Landfrauen' herausgegeben. Was für eine beherzt zupackende Frau. Irgendwie färbte das ab auf den „Bauhof", wo „Esskultur" mit „KunstKultur" verbunden wird.

Ich nahm mir vor, nächstens einmal in den „Kulturbauhof" nach Cadolzburg zu kommen – aber zuallererst würde ich aus „Torten Kuchen Plätzchen" von Nanette Herz – „Backrezepte der Landfrauen" – den „Papageikuchen", „Ururgroßmutters Apfelstrudel", das „Zitronenkränzchen" und den „Schneewittchenkuchen" zu machen versuchen.

Durch den langen Wald – zwischen Cadolzburg und Kirchfarrnbach

Das war mir gleich beim Kartenlesen aufgefallen: Zwischen zwei Orten gibt's ein zusammenhängendes Waldstück, das größte Waldgebiet im Landkreis.

Nimmt man den Straßensaum im Norden und Süden, ergibt sich die Form einer Mandel. Dass sie in der Mitte von der Straße Deberndorf-Keidenzell durchschnitten wird, stört nicht: Das Ganze bleibt als Waldeinheit gewahrt – eine geologische Fortsetzung des Fürther Stadtwaldes, nur etwas größer.

Um uns das ganze Ausmaß zu vergegenwärtigen, fuhren wir eines Morgens von Cadolzburg über Gonnersdorf und Stinzendorf nach Keidenzell und, am Wittinghof vorbei, bis Kirchfarrnbach: Da ließen wir ein Auto zur Heimkehr stehen; mit dem zweiten ging's über Oberreichenbach, Deberndorf und Zautendorf bis an den Südwestrand von Cadolzburg.

Ich freute mich über die Bemerkung meiner jüngsten Tochter: dass das hier lauter schöne Dörfer seien in einer ganz und gar unversauten Landschaft; nichts auf „modern" gestylt.

Bei einem Heckenschlupfloch stieg ich aus: gut gerüstet, mit Fernglas, Kompass, Vesper – dazu die Aufzeichnungen des schwedischen Botanikers Carl von Linné, als der 1732 aufbrach zu seiner „Lappländischen Reise", in besonderer „Montur", samt „Anmerkbuch in der Tasche". Für einen Tagesmarsch hatte ich alles dabei – egal, wie das Wetter würde.

In der Nähe der berühmten „Rodelbahn" stieg ich ins Wildgrün. Ein Feldhase sprang auf, es war kühl, der Himmel verhangen. Nach ein paar Gärtlein sah ich die „Waldsportanlage" und die „Waldsportgaststätte des TSV Cadolzburg": ein gut gewählter Platz. Nun begann der Wald.

Ein Weiher, fast ohne Wasser. Das „Waldhaus": ein Gartenidyll: Ohne Angst vor dem Entlegenen: Letzte Gärten an einer Waldwiese.

Ziegengehege: braune Tiere und eine sattliche schwarzweiße Ziege.

Waldparkplatz: Früh am Morgen schon 8 Pkw. Oh, ich verstehe: ein Waldweg alleine genügt heutzutage nicht mehr: es muss ein „Wellness-Pfad" sein, samt einer „Teststrecke" über 7 km, neben einem „Trimm-dich-Pfad" für die WaldGymnasiasten. Alsbald zwei Frauen mit Walkingstöcken. Zwei Joggerinnen. Noch 2 Lustläuferinnen kamen mir entgegen, und wie sie mich mit Fernglas, Landkarte und Notizbuch sahen, sagten sie zueinander: „Der arm Kerl mouß ärbertn." Zwei weitere Frauen waren seitwärts schon beim Schwarzbeerzupfen.

Das „Sissi" von Meisen, nesselblättrige Glockenblumen. Es nieselte ein wenig. Gelbsterne vom Johanniskraut, Das WaldLeise im FöhrenMeer. Höhe: 388 m ü. NN.

Das silbrige Fettweiß von Stängeln einer Blume, die tief violettrote Blütenteller hat. Das bröselige Weißgelb des Sandsteins vom DillenbergGebiet. Schlenker nordwärts: zu den Steingebilden, den „Druidensteinen". BlaubeerenBlau, jetzt das Glührot der Preiselbeeren. 427 m ü. NN.

Auf violetten Blüten der Kratzdisteln Hummeln: einige vorne mit hellgelbem Pelz, andere hinten mit warmem Orange, behaglich melken sie die Distelblüten: Diese Luftbären.

Dunkle Samenschoten von Lupinen. Akazien. TollkirschenSchwarz. Blaue Hydranten im Wald. Ein Haus: über dem großen Wasserbehälter.

Quellengebiet. Ein Tümpel. Ein Weilchen verweilen: schon gluckst es. Auf der Oberfläche des Wasser blitzen die goldgestreiften Augenkuppeln der grünschwarz gefleckten Frösche. Wie sie verharren. Ein Beinstoß, und schon tauchen sie weg.

Steinbrocken. Steigungen und tiefere Mulden. 422 m ü. NN. Ein Waldweiher, moordunkel. Niemand sonst.

In einem tiefen, abgezäunten Graben weggeworfener Müll. Sichtbare Bosheit. Am Wegrand das Duett aus HornkleeGelb und WiesenglockenblumenHellblau.

Zwei Traktoren, ihre Anhänger mit Stämmen beladen. Ein Maisfeld drängt

sich an den Waldrand. Unter einer Lin-
de dichter Bestand von „Judastalern",
die im Herbst silbern werden.
Leinkraut mit seinen zwei Geldbtönen:
unser heimisches, wildes „Löwen-
mäulchen".
Verschnaufpause auf der „Hans-Daum-
Gedächtnis-Bank": könnte mir zusätzliche „Gedächtnis-Bänke" vorstellen,
die beispielsweise jeweils einen Satz
von Jakob Wassermann ins Gedächt-
nis riefen – oder aus Adalbert Stifters
„Waldsteig" oder aus Ernst Jüngers
„Waldgang".
Felder. Kein Ort zu sehen. Neu ange-
legt eine Streuobstwiese: gefördert
durch Mittel der „Jagdabgabe". Um-
schnüre die Weiherkette nach einer
Furt. Bin wieder in Kirchfarrnbach.
„Was hast Du wirklich gesehen?"
„Was hast Du mir mitgebracht?"
Gehend ging mir ein Werk von Karl
Jaspers durch den Sinn: „Die geistige
Situation der Zeit", 1931 erschienen.
Der „Trimm-dich-Pfad" gibt jedem sich
Trimmenden etwas, das er mit ande-
ren gemeinsam hat. Bei Schiffen und
Flugzeugen muss die „Trimmung"
stimmen. Mancher „trimmt" etwas
„hin", dass es passt: „bassd' scho" –
der Franken LieblingsEinverständnis-
erklärung mit dem Leben.
Wie ich vor einem der aufwändigen
TrimmGestelle stehe, weiß ich, dass
niemand hier Wahlplakate aufstellen
würde. Warum aber gibt's hier nicht
auch etwas zur geistigen Ertüchti-

gung? Wär' hier nicht Platz genug für
Baum-Gedichte – auf schönen Stein-
stelen?
Vergnügt labte ich Auge und Mund mit
BlaubeerenBlau und PreiselbeerRot.
Der Weg gewährte nirgendwo Ausbli-
cke. Du warst wirklich inmitten des
Waldes.
„Der Wald ist Heiligtum", schrieb
Ernst Jünger in seinem „Waldgang".
Auch das ist gefährdet. Zur geistigen
Situation unserer Zeit gehört das
„Tempo" – allenthalben wird
beschleunigt: aber gewinnen wir mit
der vermeintlich eingesparten Zeit
wirklich „Zeit"?

Ich lasse mir Zeit. Ich vespere auf einem Steinhaufen, unterhalb des
„Friedrichsbergs". Auf einem Hochsitz
schmiede ich Pläne.
Überraschend zum Schluss: wie auf
die lange Passage durch „Föhrenfranken" sogleich wieder „Weihertranken"
beginnt: mit diesem wundersamen
„NahBeiander" und zugleich „Meilen-
weit-entfernt-Voneinander".
'Wirklich' gesehen habe ich die ge-
mütlichen Hummeln – und mitgebracht
hab ich dir ein Stück grobkörnigen hellen Sandsteins. Zuweilen genügt so
ein großgenuges Bilderbuch – mit
BlaubeerBlau und Preiselbeer-Rot.

Nur Bilder helfen weiter

Iꜱᴛ es nicht eigenartig, woran wir uns orientieren? Wegweiser allein genügen ja nicht, wenn wir ihre Hinweise nicht auf das Bild vom Zusammenhängenden übertragen können: Wir sind es, die ein Liniennetz über die Vorgabe der Landschaft werfen um uns eine Ordnung vorzustellen.

Wenn ich mir den Landkreis in seinen kaum wahrnehmbaren Umrissgrenzen vorstelle, dann sehe ich vor mir das sanfte Gewell aus TalmuldenGründen und sanft ansteigendem NutzLand, punktiert von Orten.

Dieses „Gewell" wird spürbar, wenn ich in NordsüdRichtung das Land durchfahre. Doch die Hauptzüge gehorchen diesen VerbindungsLinien: die Zenn, samt B 8, dann der Waldstrang von Weiherhof über Cadolzburg nach Kirchfarrnbach; im Süden die Bibertlinie; parallel fast dazu im südlicheren Süden die Bahnlinie über Roßtal und die B 14. Eigenartig ist das Dörfergetupf um das WaldOval zwischen Cadolzburg und Kirchfarrnbach herum: es ist ein eige-

BACHPASSAGEN

nes 'Reich' – die Nordseite mit Kirch-farrnbach, Dürrnfarrnbach, Keidenzell bis zur Schwadermühle; die Südseite von Kirchfarrnbach über Oberreichen-bach, Hornsegen, Ballersdorf, Rüttel-dorf bis Vogtsreichenbach, und dazu Deberndorf und Zautendorf.
Wieder so ein „SonderLand" im „Be-sonderLand".
Ich könnte jetzt sagen: Wenn Zirndorf-Oberasbach-Stein sozusagen das Haupt bilden, dann ließen sich diese Linien wie Haarsträhnen bezeichnen, die wie Zopfstränge anmuten und jeder

hat seine schmückenden „Mäschli": Langenzenn und Wilhermsdorf, Am-merndorf und Großhabersdorf, Roßtal und Cadolzburg.

„Horn auf!"/„Horn ab!"

Das Quintett der Orte Oberreichen-bach, Hornsegen, Ballersdorf, Rüttel-dorf und Vogtsreichenbach ist auch etwas Besonderes: so anmutig klein und unverwechselbar zugleich – und jeweils ihr „Luft genug" aus lauter

Land dazwischen; selbst im kleinsten dieser Orte ist der Verlauf von Straßen und Wegen spannend – ohne die Sym-metrie des Direkten in den Neubau-siedlungen.
Nimmt man die kleinen Bachläufe vom Deberndorfer und Zautendorfer Bach dazu, ergibt das Ganze mit Debern-dorf, samt seiner Schloss-Vergangen-heit, und mit Zautendorf ein OrteSep-tett: sieben verschiedenen Blechblas-instrumenten gleich.
In Rütteldorf traf sich die „Jägerschaft Fürth". Ihr Treffpunkt, das Wirtshaus

südlich des Reichenbachs, war mir bislang entgangen. Eine Scheune ist fürs Sommerfest 'jägerlich' hergerichtet. Gut zu sehen, welche Zusammenhang stiftende Kraft Gebräuche haben: Die 'jägerliche' Bekleidung als Anklang an berufsständische Kleidung – allein schon ein Schauspiel. Dazu der „Hörnerklang" mit seinen Signalfolgen – auch Zusammenhalt signalisierend. Von Rehwild, Raubwild und Niederwild in ihrem Jagdbereich ist jetzt die Rede nicht. Dafür hör' ich, dass es für Interessierte „WildbretZerlegungskurse" gibt, und eine der Jägerfrauen rät mir, kein Wild „zu Tode zu braten". Wie ich ihr von meiner Rupfmühe einer Wildente erzähle, entgegnet sie schmunzelnd, dass sie hier nur auf die Entenbrust Wert legten. Mit einem Mal, und erst ein Ammerndorfer Bier getrunken, sehe ich jeden

Jäger dreifach: als den, der auf die Jagd geht, dann als den, der etwa als Arzt seinen Hauptberuf hat, und schließlich in seiner zweiten Aufgabe: als „Heger". Obendrein gibt es „Jagdberater". Ich sehe den „Hornmeister" wieder ins Horn stoßen. Der Zweiklang aus notwendigem „Jagen" und vorausschauendem „Hegen" gefällt mir; zumal mancher ja annimmt, dass 'die Jäger' alle aus 'Ballersdorf' kämen – weitgefehlt. Zur reinen Jagdfreude und zum sinnvollen Jagdabschuss gesellt sich der ausgleichende „Hegeblick", der die Jagdreviere als Ganzes im Auge haben muss und dazu auch die Anforderungen des Forstes. Schmausen, Plaudern, Ehrungen, Zeugnisse – noch einmal „Horn ab", und dann spielt „gemäßigte Tanzmusik" auf: für Grünkragen und Grünröcke.

Kärwa

Ob im Zelt, ob im Saal – ganz egal: die Kerwa nimmt für eine Weile alle Qual. Fenster sind geputzt, Gärten herausgeputzt, sauber blitzen die Straßen: „Willkommen" rufen die Häuser. Um diese Zeit lassen sich Birkenbäumlein am liebsten schlagen – und erst recht der Kerwabaum. Kerwaburschen richten ihn auf und die Madli sind jetzt besonders schön. An Biertischen werden die Verse für die Kerwaliedli geschmiedet, und wer was Verkehrtes gemacht hat, der kriegt bald sein Fett. Weh der Kapelle, die dazu nicht aufspielen kann! Und wenn's noch so regnet: Ins Wasser fällt die Kerwa nie. An der Kerwa hat jeder für die Kerwa Zeit. Selbstverständlich, dass, wer kann, sich Urlaub nimmt. Wer da verreist: das ist Fahnenflucht! Wer jetzt aufs Geld schaut, der schaut wirklich ganz alt aus. Wer jetzt den Maßkrug nicht ehrt, der ist im Kopf verkehrt.

Zurück in Zautendorf – von der Wolga

Wieder so eine Kirchenoase, schön gefasst von einer Friedhofsmauer. Der achtseitige Spitzhelm gibt dem quadratischen Chorturm seine Kontur: St. Johannes d.T. Vom Nachbargrund wuchs ein mächtiger Nussbaum heran, ein anderer scherte sich nicht um ein Schuppendach und sprengte dessen Ziegel beiseite. Wundersame Stille um die Kircheninsel, in der ein Stein an den 1754 verstorbenen Generalfeldmarschall von Diemar erinnert.

Ganz in der Nähe sitzt ein betagter Mann in einer Laube. Seine Hände sprechen für ihn: Bauer, ein Leben lang. Von 16 Landwirten vor dem Krieg sei es jetzt nur noch einer, und der bewirtschafte fast alle Flächen. Die Anderen – „die müssn si halt ä Ärbert suchn ...“

Für eine Weile gehen wir in der Zeit zurück. Wie der Mann ein Bub war, ist sein Vater im Ersten Krieg gewesen – und wieder heimgekommen. Er selbst musste anno 1941 einrücken; erst 1948 ist er wieder zurückgekommen: aus Rußland. Da werde ich hellhörig. Bei einer Bodenabteilung der Luftwaffe ist er gewesen: Kabel verlegen, und oft sind sie mit ihren Landeplätzen selber verlegt worden. Eigentlich, sagt er, dürfe man das gar nicht sagen, aber eigentlich hätten sie ja nichts arbeiten müssen – außer eben Kabel verlegen; ab und zu mal Wache schieben, aber schießen, wie all die anderen, hätte er nie müssen. Da und dort seien sie gewesen; in der Tschechei, und dann in Gefangenschaft an der Wolga. Wo er bis zum Kriegsende überall hingekommen sei: überall hätten die Leute anders gesprochen – da brauchte

man sich gar nicht einlassen auf andere Sprachen.

Allerlei hätten sie arbeiten müssen; einmal hätte er sogar „300 Prozent“ geschafft, und da hätt’ er eine Woche Urlaub bekommen. Einmal habe ihm einer der russischen Bewacher eine Zigarette schenken wollen und der hätte sich erst umgeschaut, ob ihn dabei keiner sieht. Ein „Graukopf“ habe ihn nicht entlassen wollen, aber eine russische Ärztin habe sich für ihn eingesetzt. „Ach, die Russen! Die haben fast alles falsch gemacht ...“

Mit dem Zug ist er gefahren, bis Eisenach. Von dort aus gings eines Tages nach Fürth. Um Mitternacht, wie er ankommt, hat tatsächlich der Zug nach Cadolzburg noch gewartet; und der Mann hat gehört, wie der Schaffner dann sagte: „Der Gefangene ist da!“ Er muss wohl verständigt worden sein. Nachts um eins sei er angekommen; zu seiner Schwester sei er nicht gegangen: „nur heim!“ Zu Fuß. Sich in einer Kammer sauber machen: „Wir waren ja ganz verlaust.“

Das Anlitz des Mannes, mitsamt seinem Hut, die Hände – ein Stück deutscher Lebensgeschichte. Hat sich gehalten. Aufrecht. Wie der Kirchturm von Zautendorf. Und wieder winkt einladend ein Wirtshaus – auf dem Weg nach Deberndorf. Ja, den Reicherts Schorsch, den hat er auch noch gekannt: „Der hat so Gedichtla geschriebn.“

Was macht so einen „beschaulich“ wirkenden Ort für seine Bewohner aus? Unser Schornsteinfeger sagte einmal: „Es ist die Dorfgemeinschaft, das Miteinander, auch wenn mal gestritten wird: Bei uns ist die Kirche noch im Dorf.“

„Ins Gewissen reden“: Georg Reichert, der „Dichter und Bauer“ aus Vogtsreichenbach

SEINE wachen Augen konnten manchmal schelmisch blicken. Gradan waren seine Worte, doch die Stimme klang oft voller Wehmut. Stolz bot er der Welt die Stirn und machte sich vor anderen ganz klein. Bescheiden schien er und übte auch Macht aus auf seine allernächste Umgebung. Streng, wie sein Vater, lebte er nach strengen Vorbildern und zugleich litt er darunter, dass „die Welt“ nicht so war, wie sie sich wünschte. Bis zum Tod blieb sich selber treu – in der Glaubenszuversicht, dass „der Herrgott schon alles richtet“.

Georg Reichert bin ich wohl 1979 zum ersten Mal begegnet; mir schien sein Zwang, jeweils zwei Zeilen in denselben Reimschuh zu zwängen, als etwas Überholtes.

Nach und nach ging mir auf, dass er als „kleiner Bauer“ wie ein Don Quichote gegen die Veränderungen „auf

dem Land" kämpfte; dass er, nach seiner Arbeit, sich wie ein verzweifelter Prediger gegen den „Strom des Zeitgeistes" stemmte. Gleichzeitig stimmte er mit seinem „VerstimmtSein" seine Zuhörer heiter.

Unter schwierigen Bedingungen hat er als Lebenswerk 12 „Büchla" herausgebracht. Diese Lebensleistung gilt es zu retten: vor dem Müllhaufen des Vergessens. Dieser trotz Krankheiten so zähe Mann, der am 8. August 1997 daheim verstarb, hat mit Aufrichtigkeit seine Sprache, die Mundart des Bibertgrundes, vor dem Lächerlichmachen durch bloßes Geblödel bewahrt, auch wenn er Witziges schrieb: nie hat er sich dem Albernen hingegeben. Georg Reicherts MundartGedichte

haben etwas von der Anmut des Andächtigen, wie ich sie so nur aus der „naiven" Holzschnitzkunst Polens kenne. In diesem „Einfältigen" steckt etwas von „Lauterkeit": „Där Härrgott woar doch nit su dumm", so der Titel seines 2. Büchleins. In der „Vergifta Wält" heißt es einmal zutreffend und schließlich doch gefährlich vereinfachend: „Und semmär nu di gleichn Leit, su hat si gendärt doch die Zeit: gspritzt wärd etz oalles wos mär baut ob Aebirn, Rubm, ob Trad ob Kraut: di Biena di foalln vo di Blih, doch nit walls bsuffn – na walls hi.
A mir nu wärns därlebm und segn, daß mär a unsärn Tal ogreng. Denn wi kanns schlißli andärscht sa, stinkt jo nach Gift di ganze Gma."

Als wir ihn einmal in der guten Stube seines Bauernhofes besuchten, beschenkte er uns nicht nur mit einem seiner „Büchla", signiert mit der zierlichen, sich klein machenden Schrift, sondern auch mit einem schön geformten Kuhhorn.

Nehme ich es zur Hand, muss ich an Georg Reicherts Klagen über das „Bauernsterben" denken: wenn auch „kurzschlüssig", so doch in der Empörung zutreffend, folgerte er: „Fir Kinderhort und Spillplätz a is heit Land auf Land o a Gschra. As soziale Gwissn wacht ... doch is es ihn kann Muckser wärt wenn hunderttausend Bauern stärbm und hunderttausend nu verdärbm... Und Huf af Huf deshoalb verfellt, des Gwissn sich doa taubstumm stellt."

Es hat lange gedauert, bis sich Georg Reichert zu seinen „Lebenserinnerungen eines fränkischen Landmannes" entschlossen hat. In treuherziger Aufrichtigkeit schildert er prägende Erlebnisse – und plötzlich wird es große Poesie, wenn er sich an seine letzten Kriegstage in Bayreuth erinnert und in visionärer Deutlichkeit sieht, was da geschieht: „Der Tod ruft zum Essen". Wer einmal hautnah die fatale Spannung zwischen „Gehorsam", „Loyalität" und „Freiheit" im Gemüt eines „einfachen deutschen Soldaten" nachvollziehen möchte, der nehme Georg Reicherts letztes Buch zur Hand: „In wieviel Not ..." 1994 erschienen. Wie er sich freute über Auszeichnungen und Beachtung – und zugleich abwinkte ... Wie er Post bekam: in München warte das „Bundesverdienstkreuz" – o Gott, wie soll der „klaa Reicherts Schorsch", dessen erstes Auto ein „Goggomobil" war und der sicher auf seinem „Hela"-Bullog fuhr, in die weitentfernte Landeshauptstadt ... ? Da tröstete ihn der seinerzeitige Landrat und Dr. Dietrich Sommerschuh gab ihm Geleitschutz beim „Herrn Staatsminister". Wolfgang Buhl, der langjährige Leiter vom „Studio Nürnberg" des Bayerischen Rundfunks hatte für solche „echten Stimmen vom Land" ein untrügliches und entdeckerisches Gespür, so dass Georg Reichert immer wieder im Radio zu hören war.

Als ich dieser Tage seine Tochter auf ihrem Hof im benachbarten Vincenzenbronn aufsuchte, gut bewirtet von selbstgemachtem Saft und Kuchen, erzählte deren betagte Schwiegermutter, wie sie einst vor dem Broteinschießen, in den noch stehenden Backofen, die „Hitzeprobe" machte: sie streute „ä Händla Mehl nei" – bräunte sich's, war's recht; wurd's schwarz, war's zu heiß.

So „ä Händla Sproach" streute Georg Reichert in den Backofen unserer Welt. Für Kinder und Enkelkinder legte er jeweils einen „Satz" seiner Bücher bereit – als Erbe und Mitgift.

Deshalb möchte ich jetzt diesen dringlichen Vorschlag hier unterbreiten:

„Der" Landkreis Fürth möge allen Schulentlassenen aller Schulen im Landkreis ein „Büchla" mitgeben – darin sollten enthalten sein: einige Texte und Gedichte des einen „Schulnamen-Gebers", also von Wolfgang Borchert; ebenso vom anderen Schulnamen-Geber, von dem „evangelischen Märtyrer" Dietrich Bonhoeffer: Etwas aus seinen Briefen sowie das wundersam ergreifende Gedicht: „Von guten Mächten wunderbar geborgen, erwarten wir getrost, was kommen mag ..."

Unbedingt dazu gehörte auch manches von Jakob Wassermann: „Meine Landschaft, äußere und innere", samt einer Passage aus seinem Weg „als Deutscher und Jude". Auch der zweite Fürther, Bernhard Kellermann (1879–1951), sollte nicht fehlen – als deutsch-deutsches Schicksal: 1945 war er Mitbegründer des „Kulturbundes" und 1950 Gründungsmitglied der „Akademie der Künste der DDR". In dieser „Heimatkunde" dürfte eine Auswahl aus Georg Reicherts Schaffen auf gar keinen Fall fehlen: „Die Bibertsproach" – sie hat ihren eigenen Charme, wenn sie beispielsweise von der Tochter, Frau Babette Kren, in der guten Stube vorgetragen wird, da hört man auch den augenzwinkernden Charme vom „Dichter und Bauern" selbst: „Die Bibert is a klanner Fluß, fließt a nit oallzuweit ...und untn su wie obn, tenners doch oft vo Ort zu Ort a andra Aussproach hom. Ganz obn do hemm

sis mitn a ... där Poatn tut där Pat da sa ... Und widder a Stück weiter drunt, links gähts af Karlschburg zu, doa hängt mär rechts in Bibertgrund des O etz dru ans U ... etz durch des schöne Zerndorf geh ... und drinna is a Brauerei die braut ä rächts guts Bär. Und wenns doa viera trunkn hemm, no songs etz hemmer vär..."

Farrnbachbunt

DIE Luftlinie zwischen dem Südrand von Langenzenn und Stinzendorf beträgt kaum mehr als zweieinhalb Kilometer – doch in Wirklichkeit liegen zwischen Landstadt und Landdorf Welten: ein Waldstück, etwas Hochland um Keidenzell, und schon beginnt wieder Anderland. Das kleine Friedhöflein außerhalb von Keidenzell; dessen schön gelegenes Wirtshaus und das Miteinander von Kirchlein, Gemeindehaus und Kirchturm selbst.

An der Dörferschnur der „FÜ 16" liegen „Hammerschmiede" und Stinzendorf; wie in einer traumverlorenen Waldbucht: Ödenhof und Klaushof: Wie gut, dass es diese 'kleinen' Siedlungsformen immer noch gibt. Sie gleichen einem brütenden Blesshuhn in seinem Nest auf dem Weiher bei Klaushof. Wer Roßendorf an einem stillen Nachmittag durchfährt, könnte irrigerweise annehmen, dass hier „nichts los" sei. Oh, der möge einmal in Gesellschaft

hierherkommen und draußen, gleichsam auf der Straße sitzen, vor dem Wirtshaus – da kann er erleben, was hierzulande noch echte Wirtshauskultur ist. Er wird sich über die Sangeslust wundern, und wie sich dabei die Leute untereinander austauschen, sich mitteilen. Ungewöhnlich wuchtig wirkt der quadratische Turm am Ortsrand von Roßendorf. Schmucklos das Äußere des Kirchleins St.Martin, aber einprägsam. Ein Besucher, der gelesen hatte, dass die einstigen Figuren und Altarflügel im Cadolzburger „Heimatmuseum" 1945 verbrannt sind, schrieb in das Gästebuch: „Ich bin froh, dass ich nicht an Gott glaube. Wenn ich das Elend und die Bitterkeit der Welt betrachte, scheint mir, dass kein Glaube gemeiner sein könnte." (W. Somerset Maugham, 1901). In diesem Augenblick spürte er eine Hand auf seiner Schulter, und eine PelzmärtelStimme sagte: „Gut, dass du bekennst, dass du nicht glaubst. Nur glaube nicht, dass die Bitterkeit der Welt von Gott stammt. Die machen wir." Der Besuch ging hinaus und zeichnete einen Martin von heute, als Denkmal für den winzigen Platz vor dem Kirchlein, wie er einem Asylsuchenden aus Kambodscha weiterhilft.

Auf dem LuftsprüngePlatz

EINE Wiese, weiter nichts. Ein paar Farbtupfer markieren sie. Ein Windstoß bläst den Luftsack auf. Tower und Hangar sind verlassen. Jetzt aber spricht das „Flugplatzfest" vom „Aero-Club Fürth" sein Zauberwort und, simsalabim, aus der einstigen Feuchtwiese, durch die ihr Wasser die „Secke" rinnen ließ, wird ein FeldFlugplatz, ein Tummelplatz für Flieger und Flugzeuge. Menschen strömen herbei. Eine Halle mit lauter BlechPlakaten, die blickfangschön an frühere Flugplatzfeste erinnern, ist liebevoll hergerichtet für den Morgengottesdienst. Die Halle füllt sich. Draußen duftet es schon nach Salaten und Grillfleisch. Der Pfarrer mit der liturgisch stimmigen Farbe „Grün" spricht die Versammelten an, indem er ihnen zu denken

gibt: „Bis hierher hat mich Gott gebracht – und wie geht's jetzt weiter?" Es ist, als ob er ganz nebenbei jedem etwas längst Vergessenes zeigte: dass jeder, wenn er betet und Gottesdienst feiert, auf den scheinbar verstaubten inneren Kompass schaut, der untrüglich immer den richtigen „Nordpol" anzeigt. Die Lieder werden begleitet vom Posaunenchor; der Herr Abgeordnete nennt sie zärtlich die „Windmacher Gottes". Es klingt einleuchtend, wenn der Pfarrer sagt, dass all diese Worte erst dann lebendig werden, wenn wir sie zu Taten verwandeln ... Was hier seit 1964 alles in „Eigenleistung" geschafft und aufgebaut worden ist. „Segelflieger" sind „Handwerker" und „Kameraden" in einem. Für sie gilt die ungeschriebene Regel: „Du bist auf dem Platz ab 'Tor-auf!' bis zum 'Tor-zu!'"

Vor dem Flugfeld steht ein pracht-gelber Doppeldecker-Veteran; ein-motorige Maschinen stehen start-bereit da; der Virus der „Rundflug-lust" breitet sich hundertfach aus. Ein winziger Hubschrauber hebt ab; dazu ein seltsam wagemutiges Fluggerät – offen wie ein Motorrad der Lüfte; zweisitzig, mit Rotor und HeckLuftschraube. Der Herr Abge-ordnete sagt gutgelaunt: „Das ideale Fluggerät für den Wahlkampf!" Noch am Boden spürst du: hier ist luftiges Neuland und die Wörter der „Luftraum-Sprache" sind zunächst lauter Fremd-wörter. „Thermik", Aufwind, ist das wichtigste, so scheint es. Der Segel-flieger muss die „aufsteigende Luft" spüren, erkennen – und sie sich zu nutze machen, wie Greifvögel. Jetzt kannst du dir's schon vorstellen: dass so ein motorloses Luftleichtgewicht bei „guter Thermik" bis auf 1500 Meter Höhe hinaufkommt und ein Fluggebiet, in Dreiecksform, von rund 600 Kilo-metern an einem Tag schaffen kann. Den Fliegern steht ein Schleppflugzeug zur Verfügung, ein Motorsegler; auch ein UltraLeichtflugzeug ist da – und eben die Segelflugzeuge aus glattem Kunststoff, dessen Oberfläche aufs sorgsamste überprüft wird. Gut vorzustellen, jetzt, wie sich 5 eh-renamtliche Fluglehrer um 14 Flug-schüler kümmern. Die ersten Stunden im Schulungseinsitzer; dann in den SchulungsDoppelsitzer. Üben, trainie-ren, sich steigernde Lust – bis es dann wieder so ein künftiger „Luftritter" zur „AlleinFlugReife" geschafft hat … Kein Wunder, dass die Jugendmannschaft Bayerischer Meister geworden ist. Ganz nebenbei kommt zum rein sportli-chen Vergnügen ein Aspekt für die Ge-meinschaft hinzu: Die Motorflieger bil-den eine Rettungsstaffel, die im Som-mer die Wälder im Auge behält: Wald-brandFrüherkennungsDienst, könnte man sagen. Aber nicht nur da machen sie sich nützlich – sie sind auch als Forstbeobachter tätig, denn fliegend lässt sich am raschesten Schädlings-befall in den Wipfeln der Bäume erkennen.

Die Freude, sich in die Lüfte zu erhe-ben: hier wird sie geweckt und ge-pflegt. Starten, sich erheben, Weit-blick gewinnen, wagemutig sein und immer Übersicht behalten, sich dem eigenen Können anvertrauen, den Instrumenten trauen und wissen, dass 'unten' dich einer nicht aus den Augen verliert .

Hakenschlagen

ALLER Dorfstolz war im Kärwabaum von Retzelfembach. Konnte mir gut vorstellen, dass es hier genaue Ver-gleiche gibt: wer hat den höchsten „Kärwabamm"? Sagt einer: „30 Meter hammer und nu mehr / und eier Grischpl wu dort schdähd – grod nu bis 20 Meter gähd …" So hat es Fritz Stiegler als Kärwa-Schnurre aufge-schrieben, und einer mit dem ver-meintlich kurzen Baum kontert: „di andern 20, du dummer Hund – die schteggn nu im Budn drund …" Aus dem Anwesen der Raindorfer Mühle ist ein attraktives Geschäft geworden. Würde ein Reisender über die großzügig angelegte Kläranlage vor Langenzenn „wie malerisch" sagen? Aber vielleicht sagte er von einem ein-stigen Bahngebäude in Langenzenn, das zu einem entzückenden „Eiscafe" mit Garten wurde, freiweg: „Wie wun-dervoll!"
Auf dem Weg nach Stinzendorf fiel mir an einer hellblauen Hauswand in Langenzenn das Greifvogelungetüm auf, ein Habicht. Durch das Waldstück nach Ödenhof: wie weit weg da alle andere Welt anmutet – und die Felder in der Bratpfanne des Sommers. Dazu die Gärten der „Hammerschmiede". Wie schön auch ein verlandender Weiher – libellenübersummt. Ich machte einen Schlenker durchs häuserschöne Keidenzell, nach Burg-

grafenhof: wegen der Kanone. Ich las die treuherzige Aufschrift: „Nie wieder", das Wort „Krieg" war verdeckt. Am Saum der Scheune las ich: „Stärken Sie ihr Friedenswissen. Besuchen Sie dieses kleine Museum!" (Nur sonntags von 13 bis 16 Uhr, vom 1. Mai bis zum 30. Oktober). Nein, ich wollte mein „Friedenswissen" jetzt nicht stärken – im weihergetupften Graben des Farrnbachs ...

Jetzt freute ich mich auf den schreibenden Landwirt und Tabaksbauern Fritz Stiegler in Gonnersdorf.

Beim Dichter
von Gonnersdorf

„A Weihnachtsgschenk fir junga Leit is schwieri in dä heidin Zeit ..."
(Fritz Stiegler)

AUFMERKSAM auf ihn hat mich AltLandrat Dietrich Sommerschuh gemacht: „Pferdewirt, Tabaksbauer und Dichter". Günter Gabsteiger gestand: „Der kommt auch bei die Städter an!" Also, auf nach Gonnersdorf. Großes Gehöft in einem 'echten' Dorf. Pferdeställe, Reiter; eine „Laube", davor ein selber gebautes zweistöckiges „Katzenhaus". Fritz Stiegler. Am Schluss seines 1999 erschienenen Buches „Fränkischer Fäldschdächer" sprach mich das Geständnis dieses „FeldStechers" an: 'das' Dorf, diese „Oase reinster Mund-

art ist akut bedroht. Die Politik mit ihrer rigorosen Bauernhofvernichtung hat erhebliche Mitschuld an der Degradierung gestandener Dörfer zu reinen Schlafsiedlungen. Dass Gonnersdorf mit seinen ehemals 14 Milchbauern kuhlos ist, bestätigt diese Entwicklung."

„Die Lage" klar erkannt – wie reagiert darauf ein 'sich haltender' junger Landwirt, der sehr erfolgreich scheint, mit seiner Sprache? Er beginnt dort, wo „die Leute" sind und stehen, dass sie sofort verstehen, was er als 'Wirklichkeit' ihnen vorstellt: zum Beispiel „Am Weihnachtsmarkt". „Bloß di Kinner gnälfn unaufhörli ..."

Mit seinen Gedichtgeschichten erzählt er; sind es nicht eigentlich Erzählgedichte, Balladen? Immer zwei Zeilen wie ein „Pärla" untergehakt, miteinander verbunden durch den 'Reim', der sich wie von selbst einzustellen scheint.

Das Störrische des Alltags, seine Pannen, seine Widerspenstigkeit – mit den Reimen, diesem „Zucker und Zimt" er dem Boshaften das Giftige nimmt ... Ob „Landfrauenausfluuch" oder „Bandscheimvorfoll" oder „Schdeggnbleim mit Häggotrieb", so dass die im Schnee das Auto angeschoben habende Frau von „Puschndorf" bis „Rossndorf" zu fuß heimlaufen muss: das erkennt jeder. Bei allem 'Spitzen' – zum Schluss werden's „scheene Liedli, wo mehr lachn muss".

Fritz Stiegler hat schon in der Schulzeit zu schreiben begonnen – „dass der Dooch rummgeht". 1983, bei der Kärwa in Steinbach, hatte er seinen ersten Auftritt. Man hört ihm gerne zu, denn er mag die Wörter seiner Mundart als ob er sie beim Schreiben wie eine Katze streichelte, so dass sie, schnurrend, einen tieferen Sinn ahnen lassen. Schon wie er das Wort „krautern" ausspricht ... Überdies hat er ein inniges Verhältnis zu den heimischen Redewendungen, so dass in vielen seiner Gedichtgeschichten auch ein sprachliches Selbstporträt seiner Gegend entsteht. Er hat ein waches Ohr für „ä dumms Gwaaf", aber die er da belauscht, die veräppelt er nicht, doch lässt er, auch in seiner „Fränkischen Weihnachtsgeschichte" ein Gartentürlein offen – fürs Lustige. Eine Stimme, die den Klang- und Wortreichtum seiner Heimat heiter präsentiert – gleicht er nicht dem typisch fränkischen „Gewürfelten"?

In seinem unterhaltsamen Ton verbindet er „Noch-Land" mit „städtischen" Lebensformen und ihren Reizen; und so trifft er genau diesen „Übergangsmix" in einer nur ihm eigenen Art. Er weiß, dass man heutzutage als Landwirt nur überleben kann, wenn man „vielseitig" ist. Lange Zeit war der Tabak „ein gutes Geschäft" – mit all den Zuschüssen der Subventionen, die jetzt „abgeschmolzen" werden; er wird sich umstellen, vielleicht neben der Pferdehaltung auf „Haselnüsse" umstellen ... Zahlen schwirren mir durch den Kopf. Hab ich richtig gehört: Es werden 22 Millionen an Subventionen gewesen sein – an denen 10 000 Arbeitsplätze hängen ... Und dann sagt er, mit Blick auf den Tabak: „Eine Kulturpflanze verschwindet!" Das ist bitterwahr.

Erheiternd wahr: dass es die Sprach-Kulturpflanze Fritz Stiegler gibt – sein nächstes Buch spitzt schon seine Knospen hervor.

Staunen in Seukendorf

HINTER Dächern eine zierliche Spitze. Eine Straße, frisch gepflastert, weitet sich zur Bucht eines Platzes. Horch! Hufschläge eines Pferdes. „Neue Kartoffeln" und Gemüsepflanzen wären sogleich zu erwerben: Erdnähe, schmackhaft.

Jetzt das Rund einer Mauer, wie wenn ein schöner Garten dort wartete. Davor ein heller, beschrifteter Obelisk: mit dem nicht gelöschten Geständnis, wie einst der Kriegsgefallenen gedacht wurde: „Gedenket der Teuren, die der Feind uns erschlug."

Die winzige Stufenpause – durch die Mauer: Ein Garten tut sich auf. Was für SteinZähne stehn da im Rund eines Kreises? Was für eine Steinplatte schneidet da in das Rund eines Korbes aus Eisen?

Wer noch nie ein Schiff gesehen hat: sofort würde er es erkennen – kieloben, mit dem Spitzdach: hier ist eines in einen Hafen gefahren – fest am Spitzmast des Westturms.

Katharinas Kirchenschiff.

Vom SommerWarm ins Kirchenschiff-Kühl – ist aber kein Kühlschiff. Doch KlimaUmschwung auf der Stelle: Durchs Duster zum Goldglanz im hohen Schrein. In seiner Mitte eine Frau. Und weil kein Mensch mehr heutzutage so gekleidet kommt, aber das Lächeln der Frau so frohgemut und geduldig leuchtet, scheuen wir – zunächst: „So sieht doch niemand aus, den wir aus dem

Fernsehen kennen, so nicht!" Die Frau in der Mitte, leicht erhoben, hat zwei Männer neben sich; den dreien leicht zugewandt, außen, noch eine Goldfrau links und eine rechts außen. Ein Quintett; die Häupter haben dunkles Himmelblau hinter sich; hinter den Füßen Meerblau; ganz breit hinter allen ein Goldband: damit wir nicht stürzen ins Eisschwarze des Weltalls. Hier ist eine Hafenmauer gegen das Gebrüll der Unendlichkeit. Hier stehen Fünf mit Engelsgeduld – ganz Ohr, für jeden, wann immer er hereinkommt. Sie stehen als Stumme, um uns die Furcht zu nehmen, daß wir einmal vor Schrecken sprachlos werden könnten: Hier steht eine fünfköpfige Gesandtschaft Gottes. Als Beglaubigungsschreiben zeigen sie ihre Geduld – mit uns; ganz freundlich. Sie fordern nichts. Um sie herum, im viereckigen Holzkasten ihres aufgerichteten Bootes, wird es jetzt warm und immer heller. Wir müssen zunächst nicht wissen, dass sie Margareta, Petrus, Katharina, Paulus und Barbara heißen.

Mit ihren Gestalten allein wollen sie die Unversehrtheit, die Unverletzbarkeit des Menschen zeigen, also das Heile, das Heilige. Die Faltenwürfe, goldfarben, zeigen es nach einer Weile: so ungefähr können wir uns

das Schutzkleid des Glaubens vorstellen: undurchdringlich, wenn wir zu singen beginnen oder beten, dankend oder bittend. Dieses Goldgewand ist ihre Haut – durchlässig für die Luft des Glaubens. Ihre Gesichter indes bleiben nackt – ausgesetzt dem Alltag, Tag für Tag, Nacht für Nacht. Um diese fünf Gestalten tut sich alsdann sehr viel gemalte Welt auf – Welt, die mit den Gestalten einen großen Zusammenhang bildet.

In der Predella unter dem Seukendorfer Altar zeigen sich, wenn die bemalten Flügeltüren über den drei unteren geschnitzten Köpfen geschlossen wurden, vier der großen Kirchenlehrer: Augustinus – mit seinen „Bekenntnissen" und mit seiner großen Vision vom „Gottesstaat". Neben ihm Gregor, der große Liturgiereformer. Daneben die Kirchenlehrer Ambrosius und

Hieronymus. Und schon sind wir in der Zeit der „Vulgata", der ersten lateinischen Bibel. KirchenUrgrund in einer evangelischen Kirche.

Ich gestand dem Pfarrer meinen Traum: dass Papst Benedikt XVI. den kühnen Vorschlag Ernst Jüngers aufgreifen würde, der uns der Einheit der Christen näher brächte – und Martin Luther zu einem der „KirchenVäter" erklärte. (In den Tagebüchern „Strahlungen", III, Kirchhorst, 2.11.1947).

Dies war für Martin Luther ja Gewissheit: dass nächst dem Predigtamt „das Gebet das größte Amt in der Christenheit" ist. Wie ein FeuerfunkenRegen klingt ja Luthers „Morgensegen": „Des Morgens, so du aus dem Bette fährest, magst du dich segnen mit dem Zeichen des heiligen Kreuzes und sollst sagen: Das walte Gott Vater, Sohn und Heiliger Geist. Amen."

Seltene Stunde der Innigkeit: wenn du mit einem Pfarrer über derlei sprechen kannst – und dann sagt er dir, dass hier früh um halb sechs schon die Morgenglocken läuten, und er kenne nicht wenige, die hier alsdann, noch im Bett ein „Vaterunser" sprechen. Wenn derlei geschieht, dann ereignet sich genau das, was soviele 'Glaubensferne' irgendwo in asiatischer oder lateinamerikanischer Ferne bei „fremden Kulturen" verzweifelt suchen.

Schön war es jetzt, im kargen Kirchenraum auf malerische Details zu achten: Diese Gestalten sind beispielhaft – wenn wir anstelle mittelalterlicher Gebäude die IndustrieStätten von Stein, Zirndorf, Großhabersdorf, Langenzenn oder rund um die Schwadermühle hineinprojizierten: Sie zeigen das ImmerMögliche, also das ImmerGültige.

Schön war mir auch, wie der Pfarrer das 'abstrakte' Kreuz von Heinz Heiber auf dem Altar als eine Möglichkeit von heute zeigte – und alsdann den Unterschied zwischen einem „SerienVortragekreuz" und einem 'alten', wo über dem Gekreuzigten wirklich drei Engelsköpfe zu sehen sind.

Ja, freilich, naturgemäß: immer wieder ändern sich die „Zeiten". Seukendorf gehört nun mal auch zum „Speckgürtel" rund um den Großraum; „das Dorf" wird als landwirtschaftliches Dorf immer kleiner – wer, der morgens in sein Büro fährt, kann noch nachvollziehen eines Landwirts Spruch: „Wenn's

früh läut, bet' mer no ä Vaterunser, und dann gemmer in Stall ..."

Und auch das gefiel mir: dieser Rückgriff zu „Heische-Bräuchen", da jemand etwas tut und dafür eine Belohnung „heischt" ... Wenn also zum „Katharinentag" im Oktober ein leckeres Lebkuchengebäck gebacken wird, die „Seukendorfer Katharinen" ... Dazu gesellt sich „Eierzucker Katharina", und kurz vor Ostern, auf den Sonntag „Laetare", gibt es die „LätareBrezel" zum SichFreuen.

Oh wundersames Weiterreichen von „Kultur" durch Brauchtum ...

Inzwischen waren wir hinausgegangen in den Kirchgarten, der ureinst Friedhof war und mit einer Wehrmauer umgeben. Blumendurchwirktes Freiland vor der KatharinenKirche – und die „Zahnsteine", die vermeintlichen, sollen als Steinfiguren an die miteinander verbundenen Engel erinnern; ein Werk von Hans Leo Weiß aus Tuchenbach. Im Kirchenschiff waren mir zwischendurch auch heutige Leuchter aus Schmiedeeisen aufgefallen – auch sie keine „Konfektionsware", sondern Antworten aus unserer Zeit.

Das sei von den zwei Schmieden aus dem Ort, sagte der Pfarrer – und schon machten wir uns auf. An einem Gebäude gegenüber dem Pfarrhaus fielen mir drei Stangen für die Rosen auf; auch sie kein „Null-8-15", sondern mit Bedacht gemacht: drei Stützstangen, miteinander verbunden durch die Hal-

tekringel, so wie sich Pflanzen, etwas anderes umringelnd, festklammern. Alle drei Stangen liefen in ihren Spitzen anders aus: mal als Astspitze, mal als Spitzenblatt.

Nach wenigen Schritten waren wir in der Werkstatt, wo Geräte und Esse an das uralte Handwerk des Schmieds erinnerten – flüssig gemachtes Eisen in feste Form zu bringen.

Eisenwerkstattzauber in Seukendorf. Ich staunte nicht schlecht, was „Weber und Hermann" an Originellem machen: Sie wissen, dass alles Gemachte nicht nur eine Aufgabe erfüllen sollte, sondern darüberhinaus eben noch ein „Zeichen zu setzen" habe.

Ich kam in Seukendorf aus dem Staunen gar nicht mehr heraus: was diese zwei Männer, samt ihren Lehrlingen, aus „einfachem Eisen" für Formen, Figuren, Gestalten und Zeichen machten – und zauberten: Von „Rank- und RosenStäben", von Gittern und Toren bis zu Grabzeichen ... „KulturSchmiede" in der Heimat möchte ich sie nennen – und äußerte gleich meinen Wunsch für eine bemalte Holztaube, ein Geschenk vom Maler Rudolf Lumm; die bräuchte einen hohen Stab.

„Des mach' mer glei!", sagte der eine Kunstschmied, obwohl eigentlich schon Feierabend war.

Beschenkt fuhr ich heim in mein Dorf und las tags darauf in der „Legenda Aurea" die Heiligenlegende der Katharina.

WEIHERFRANKEN

Ei, ei, ei! Teiche und Weiher weit und breit: bei Keidenzell

MEHR als hundert Wasserwelten mögen es gut sein in diesem teichreichen Stück von WeiherFranken zwischen Zenn, Dürrn- und Kirchfarrnbach, im nordwestlichen Weiherland des Landkreises, dem diese WasserFleckung eine besondere Haut gibt. Nützliche Teichwirtschaft und Landschaftsschmuck zugleich. Die unterschiedlich großen Wassermulden wirken bei jedem Wetter anders; es ist manchmal, als ob an diesen Stellen die Erde ihrem Bruder, dem Wasser, den Vortritt lasse. Fischreichtum wächst hier heran; zugleich beteiligen sich die Wasserspiegel als Himmelsspiegel an einer Schönfärberei des Landschaftsteppichs.

Zwischendurch Angler.

Bevor die eine oder andere angelegte Wasserfläche zum Schlittschuhlauf einläd, ereignet sich im Spätherbst das AbfischFest. Wenn die Weiher abgelassen sind, zum Schlegel zu noch eine

KARPFENSTARK

Wasserrinne verläuft, die jetzt einem Priel im Meer gleicht, tummelt sich darin Karpfen- und Schleiengold. Jetzt gleichen die Teichwirte mit ihren Helfern lauter Wassermännern, die mit ihren Stiefelanzügen im Schlammgrund die Beute des Fischjahres mit Netzen einfangen. Schnalzen und Klatschen ist zu vernehmen, sodann das Platschen der Fische in die bereitstehenden Fässer, aus denen nun nach Größen und Arten sortiert wird.

Ist so ein Teich abgefischt, gilt es die letzten, vergeblich sich im Schlamm-grund verschlupfenden Fische an Land zu holen: auf dass jetzt keiner von den einstigen Setzlingen fehle.

Hoch geht es jetzt her. Lokale, wie „Zum Goldenen Karpfen", haben jetzt Hohe Zeit.

Wenn dann jemand laut riefe: „Ich will keinen Wein aus Südafrika! Ich will kein Bier von den Bahamas! Ich will weder Enten noch Gänse aus Hinter-indien! Ich will kein Importbrot aus China! Rinder und Ochsen aus Argen-tinien können mir gestohlen bleiben!" Wer könnte es ihm verdenken, dass er auf die heimische Herkunft von Lebensmitteln pocht, denn sie sind ja un-erlässlich für den heimischen Essstil, das heimisch behagliche Schmausen: Da der in Gries gewendete Karpfen, dort der in Mehl gewendete oder der Blaue ...

Noch aber ist Hochsommer. Libellen flirren über den Teichen. In manchem Schilfbestand hat der Teichrohrsänger sein Nest an ein schwankendes Schilf-rohr gebunden, und du wunderst dich, dass dieses Geflecht aus wenigen Halmen Gelege und Brut aushält.

Von Heinersdorf hinauf zu den Keidenzeller Teichen fahren. Wie auch dieser
Ort gut gemischt ist: aus Gehöften und
neuen Siedlungshäusern. Und plötzlich
blinkt es, im Gänsangergraben, einer
schmalen Teichkette am Waldsaum,
tief violettrot und schneewittchenweiß:
Seerosen blühen über ihren grünglän-
zenden SchwimmtellerBlättern. Auch
das gehört zum „BesonderLand".

Reservat
für SommerIndianer

ANFANGS März, als noch Schneeflocken
fielen, fiel mir in Burggrafendorf eine
grüne Kanone auf und ich dachte: vielleicht verteidigt hier jemand symbolisch
die letzten Bastionen der selbständigen
Bauern. Eine Kanone, mitten im Dorf:
vielleicht nur eine Marotte? Hatte sich
da vor Jahren nicht eine Art „Militär-
museum" etabliert, gegen das unsere
voreiligen Friedensfreunde Stimmung
machten? Es schneite leicht. Wieder so
ein einladender „Landgasthof", dazu
die Kombination von Feuerwehr und
Gemeindehaus. Ich las den Hinweis
zum „Fuchsenweiher", sah ein Cam-
pingplatzschild und musste lachen: Da
soll es zum „Inselcafe, Eichensee" gehen ... Mitten im LandwirtschaftsLand
ein „Inselcafe": Haha! Auf dem
Schneeland tummelten sich schöne
Pferde. Der Weiterweg war mir zu
schlammig gefährlich.

Als ich auf holprigem Feldweg an den
Keidenzeller Teichen im Juni vorbei-
fuhr und las: „Kein Badegewässer!
Privatgrund!", da sah ich im dahinter-
liegenden Wald einige Campingfahr-
zeuge. Seltsam, hab ich gedacht.
Neuer Anlauf, von Burggrafendorf her:
Schmales Sträßlein, an Pferdetummel-
plätzen vorbei; Getreidefelder; der lange Weiher, Föhrenwald – tatsächlich:
da ist ein Refugium für Wohnwägen.
Ohne allen Reklamerummel, ohne
Touristenscharenherbeilockungen: ein
Sommerparadies für Dauercamper.
Am Eingangsgebäude mit der Sperr-
schranke preußisch genaue Ordnung:
„Mittagsruhe" herrscht hier zwischen
13 und 15 Uhr, von Mai bis August;
dasselbe gilt von April bis September,
an Wochenenden und Feiertagen. Die
„Nachtruhe" ist ganzjährig: von 23 bis
6 Uhr.
Uralte deutsche Sehnsucht nach „Ruhe" inmitten „freier Natur"; „draußen-

sein" in einer kleinen Parzelle auf „freiem Grund", unter Föhren und Gleichge-
sinnten.
Dieses Campingwagenidyll erinnerte
mich an meinen Frankfurter Schrift-
stellerfreund Horst Krüger, der als Berliner Großstadtmensch auch so einen
Wagen hatte, südlich von Frankfurt,
und er gestand einmal: „Auch unser-
eins zieht's manchmal in unser Paläs-
tinensercamp, um Urlaub vom Groß-
stadttrummel zu nehmen; auch wir
fühlen uns wohl hier, wo wir alle zu
Kleinbürgern werden."
Das Ganze ist herrlich versteckt, wohl
aufgeräumt und geordnet. Mit schierer
Wollust sind die Grenzen der Selig-
keitsinseln abgesteckt. Es wimmelt nur
so von Gartenzwergen und anderen
Wesen, darunter auch ein „Dick und
Doof", zudem ein bunter Hahn aus
Betonguss.
Jedes dieser CampingwagenAnwesen
beteuerte: „des is meins!" Es ist eine

wundersame Mischung aus „Für-sich-Sein" und „ganz nah benachbart". Diese „offene Intimität" macht den Eindruck tiefster Heiterkeit, in der jeder auf seine Weise ein Stück „ImmerUrlaub" mit anderen genießt. Ein Weglein heißt da „Rue de Verfall". Einträchtig stehen Fahrzeuge mit N- und FÜ-Kennzeichen nebeneinander. SommerlagerLeben, einträchtig. Berliner Laubenkolonie – egal, ob auf brandenburgischem oder auf mittelfränkischem Sand: Freizeit und Freiheit in einem: behagliches Reservat für Sommerindianer.

Campingwagen, dazu Vorzelt, Sonnenschirm, Tische und Stühle, Gärtlein dabei, mit Gasflaschen, Wasser und Strom versorgt. Lauter Robinson-Burgen. Eine heißt wie ein Wirtshaus: „Scharfes Eck", und die Bewohner gestehen heiter schmunzelnd, dass es hier des abends oft wie in einem Wirtshaus zugehe. Da sage noch jemand, die Franken seien nicht gemeinschaftsfähig!

Verrate ich zuviel, wenn ich festhalte, dass im Eingangsbereich auch WohnwagenVerkaufsangebote zu finden sind? Vielleicht sucht ja jemand einen Nachmieter für seine Idyllen-Oase ... Am Ufer des Weihers liegen einige Kanus. Das Köstlichste freilich ist das „Insel-Cafe", das wirklich auf einer kleinen Insel errichtet ist, mit freiem Blick auf das warmbraune Weiherwasser, im Schatten hoher Bäume.

„Wanderungen durch die Mark Brandenburg"... Nach Fontanes Vorbild wären sie hier in der „Rangaufränkischen Schweiz" ebenso möglich. Das erst am späten Nachmittag öffnende Cafe: Es ist eines meiner nächsten Ziele!

SeeBelustigung

ZIEMLICH aufdringlich rief die grüne Kanone von Burggrafenhof, ich solle doch endlich den Text über ihr an der Hauswand lesen. „Heute nicht!" gab ich zurück, „wir sind unterwegs nach SchönSee!"

„Wo isnern des?"

„Ätsch, verrat' ich nicht!" Und schon fuhren wir durch die Felder, durchs hohe Getreide. Weit und breit kein Ort mehr. Wie wir das Auto unter den Hochföhren abstellten, hörten wir schon Musik. Tatsächlich, wie gewünscht, auf der einzeiligen Terrasse vom „Insel-Cafe" war für uns zwei noch ein Plätzlein frei. Die VierMann-Kapelle spielte auf. Wundersamer Frühabend: gegenüber den Eichen. Junge Leute tummelten sich mit einem Boot auf dem Weiher und schwammen dann. Aus der RobinsonSiedlung schienen sie alle gekommen zu sein. Wie

da eine Frau mit schlohweißem Haar Kopf und Hände im Takt mit bewegte. Wie da aus einem Bauerngesicht die Kirschenaugen funkelten. Wie das Herz des Geldbeutels lachte: Ein Salat ab 1,50 Euro; Bruschetta für 3,50 Euro, Rigatoni für 5 Euro. Frisch gezapftes Bier. Paare tanzten auf dem Plätzlein zwischen Tischen und Musikanten. Die „volkstümlichen Lieder" kennen wir alle, lauter Sättel zum sorglosen Mitsingen: „Zuckersüße Maus, tanz, tanz ..." Alle zusammen feierten ganz nebenbei, während des „Sommerfests am Eichensee", diese Freude des Daheim-sich-Wohlfühlens. Sie haben ihren eigenen Begriff von „Wohlstand" – vergleichbar dem „Datscha-Glück" im Osten Europas. Und wie die Musik in die Dämmerung hinein weiter aufspielte, war mir, als erhöbe sich die Insel und schwämme weit über den Weiher hinaus – in eine Etage des Siebten Himmels.

„R-liche" Einladung nach „KarpfenFranken"

Die südliche Schwester der Aischgründer KarpfenSchweiz, mit ihren berühmten „Spiegelkarpfen", ist das Weiher-FleckLand vom Landkreis Fürth. Wer angesichts des trübbraunen Wassers die Nase rümpft, hat keine Ahnung, dass vor ihm höchst gesundes Wasser auf ihn wartet. Etliche „Ringassistenten" überprüfen in regelmäßigen Abständen die Weiher der Teichwirte: Wassergüte und die Gesundheit der Karpfen, zwischen denen auch etliche „Beifische", wie die Schleien, sich tummeln. Wenn so ein „FischInspektor" sein Wurfnetz ausgeworfen hat, kontrolliert er nicht nur das Gewicht, sondern auch den Fettgehalt. Es könnte sich ja einmal bei so einem Was-serwesen die „Kiemenfäulnis" einstellen. Ohnedies sollten die FrischGefangenen vor dem Schlachten ordentlich „gewässert" werden, auf dass sie weder nach Schlamm noch sonstwas schmecken. Bisweilen stehen „die" Franken ja im Ruf, das „Eigene" gar zu wenig zu schätzen; es gibt die „BilligBilliger!"-Lockrufe tschechischer oder ungarischer Konkurrenz, die sehr rasch auf die Marktnachfrage reagiert. Jemand hat gar einmal den Versuch unternommen, wie Japaner Frischfisch, auch Karpfen „gefrostet" anzubieten – denn wenn kein fränkischer Gaumen den Unterschied schmeckte, dann ließen sich ja, wie beim japanischen Seefisch, tiefgefrorene Karpfen aus China oder weiß der Himmel woher als „GünstigKonkurrenz" einfliegen ...

Von 10 heimischen Karpfenschmeckern merkten 9, dass da doch ein Geschmacksunterschied besteht. Also: Entwarnung!

Gleichwohl: hundertprozentig sicher ist der Absatzmarkt nicht; als Marktlücke wird ans Karpfenfilet gedacht, denn es soll ja Leute geben, die leiden an „GrätenAngst", sobald sie so einen Goldschuppling nur sehen.

Unter den rund 550 Teichbauern des Landkreises gibt es etliche, für die bedeutet die Karpfenwirtschaft ein Standbein ihrer wirtschaftlichen Selbständigkeit; andere machen es halt nebenbei. Groß sind die Gewinnspannen nicht.

Und bei allem Gaumenschmaus und der Augenfreude an Libellen und Vögeln wird, so sagte einmal der „Oberste Teichgenosse" von Cadolzburg, der wasserwirtschafliche Nutzen dieser Teichlandschaft ganz übersehen: Im Winter und Frühjahr werden die Weiher zu „Rückhaltebecken" des himmlischen Gutes – und im Herbst, wenn die Bäche sommerlahm geworden sind, geben die Weiher nach dem Abfischen ihren ÜberschussVorrat her. Das alles verschwände, wenn die Teichwirte ihre Weiher verlanden ließen, sagte der „Teichgenosse" und warf einen vergnügten Blick auf seine farbigen „Koi-Karpfen" aus Japan – in seinem Gartenteich, und fügte hinzu: dass ein Karpfen gut und gern ein paar Jahrzehnte alt werden könnte – wenn er jung nicht so verlockend gut schmeckte.

Zum Goldenen Karpfen, blaufränkisch

Von Wilhermsdorf herauffahren, durch Dippoldsberg, dem einzigen Ort weit und breit, wo an einer Hauswand nicht ausgestorbene Ackergäule zu sehen sind, sondern muntere Schweine; an dem stattlichen Baum vorbei, am Orts-

beginn von Altkatterbach; dann das kurze Waldstück – und wie jetzt, kurz vor Kreben, ein Weitwinkelblick den Großwald hinter Kirchfarrnbach wie eine Waldlawine erscheinen lässt, und davor das Seeweite der Weiher ...

Wieder einmal dachte er an die Fähigkeit des Menschen, Stellen zu finden, an denen er sich nicht verloren fühlt in der unendlichen Welt. Schon flackerte Herbstgold auf, und die Plastikpocken des eingepackten Grases wirkten auf ihn eher wie große silberne Rossbollen, die genausowenig das Bild störten wie die Autos der SchmausPilgerscharen.

Das im Sommer geschlossene Gasthaus „Zum Goldenen Karpfen" wirkte seinerzeit unscheinbar, als wär's eben

ein Gasthaus wie viele andere. Als er jetzt eintrat, überraschte ihn die Helligkeit, das Weiträumige, das Lichte, das Moderne – und die hellen Tische waren allesamt von fränkischen Früh-zu-Mittag-Essern eingenommen. Behände die Bedienungen und der Wirt selbst: ein erprobter Judokämpfer.

Jetzt erschienen die Tellerschiffe, beladen mit knusperbrauner Fracht; daneben die bunten Beiboote mit Salaten, sellerieweißgelb und karottenrot. „Etz muss krachen!" sagte unsere Tischnachbarin aus Fürth und biss voll Behagen in die abgebrochenen Flossen. Wenn die Karpfenzeit sei, kämen sie oft und gern hierher; und so eine schöne, ruhige Gegend, sei's – nicht umsonst kämen hierher auch Sternbeobachter, weil kein Fremdlicht störe.

Und jetzt das zarte Sachtblau, mit einem Stich weiß und grün: darüber die Zwiebelringe vom Sud, und dazu das Honiggelb der Kartoffeln im Butterglanz, mit Kren dabei. So zart des 'blauen' Karpfens Fleisch; ohne Fett; leicht lässt sich's von den Gräten abgabeln. Ein Festmahl – Blaufränkisch, und darüber das heitere Gesumm der Stimmen aus oft sehr zart geschnittenen Köpfen: unverkennbar aus dem Umland von Fürth, mit Nürnbergern untermischt. Auf der Rückfahrt spiegelte sich der helle Oktoberhimmel in den noch nicht abgelassenen KarpfenLustsuhlen der Weiher zwischen Kreben und Meiersberg.

Im SchildkrötenParadies

SEIT ganz vielen Jahren ist mir das „Freiland-Aquarium" der „Naturhistorischen Gesellschaft" Nürnberg in Stein vertraut, ohne dass ich es je in Verbindung mit dem Landkreis Fürth gebracht hätte. Wundersame Sommerstunden haben wir dort schon zugebracht, wenn etwa meine Frau mit der Schar ihrer Vorschulkinder dorthin ihre alljährliche Sommerwanderung unternahm: Start seinerzeit immer beim „Möbel Krügel". Auf dem Rückweg gab's an den Waldwegen stets noch Himbeeren zu schnabulieren.

Inzwischen weiß ich: Hier ist der zierlichste „Zoo" weit und breit.

Welchen Hinweg auch immer man wählt – ob durch die Villengegend vom Südostrand der Stadt Stein oder durch den Wiesengrund der Rednitz: jedesmal tut sich in der wie verwunschen anmutenden Waldbucht eine Zauber-Oase auf.

In dieser Waldbucht ist eine Kostbarkeit zu erleben: Heimische Kriechtiere und Fische, sowie Sumpf- und Wasser-

STADT AN DER REDNITZ

pflanzen, die einem im Alltag kaum über den Weg laufen oder gar einem auffielen, sind hier zu sehen. Dieses „Freiland-Aquarium" ist eine lebendige Lupe, die das unscheinbar Kleine in ganz naher Größe so zeigt, dass einem das Auge vor Freude aufgeht.

Es ist das große Verdienst dieser „Naturhistorischen Gesellschaft", dass hier das Augenmerk auf das im Heimischen Mögliche gerichtet wird. Wir kennen alle Karpfen und Forellen – doch haben wir in heimischen Gewässern schon einmal „Moderlieschen" und „Stichling" wahrgenommen? Hätten wir den Wasserjäger, den „Gelbrandkäfer", erkannt? Wären uns „Rückenschwimmer", „Rollegel" und „Posthornschnecke" jemals aufgefallen? Wüssten wir denn, so wir nicht Angler sind, dass in unseren Gewässern „Steinkrebs", „Flussbarsch", „Nase" und „Karausche" auch heimisch sein können?

Wem fiel schon einmal in einem Waldweiher der KammMolch auf? Wer wäre an einem Bach auf das schwarzgelb Gefleckte eines Feuersalamanders gefasst?

Wer hier einmal das Hellgrün eines Laubfroschs erblickte, der wird dieses glatte Laubfroschgrün nie mehr vergessen.

Oh, und dann die Anmut der Schlangen ... Diese fußlosen langen Wesen, die uns selbst bei Blindschleichen-Größe unheimlich vorkommen, weil ihr ganzes Wesen wie aus einem Guss sich immerzu unberechenbar bewegt. Wenn da, bei den „europäischen Sumpfschildkröten", mit einem Mal

unter einem Stein eine „Würfelnatter" hervorkommt, sich windet, ins Wasser gleitet, wieder auftaucht – mit der unnachahmlichen Eleganz eines Wesens, das jetzt ganz Bewegung ist.

So ein allerbiegsamstes Wesen: wenn es ganz „Schlangenlinie" ist, gebündelte und wendige Kraft. Wie da Wärme spürbar lebendig macht ... Wie das wartende Gekringel einer Kreuzotter, mit ihrer schwarzen Zackenlinie auf dem Rücken, jählings „davonschießen" kann ...

Längst haben wir alle Uhrzeit vergessen: Diese Tiere entführen uns ins Reich des Zeitlosen.

Ungewöhnlich reich ist dieser großgenuge Garten im Wald, wo an Teichrändern hohe Farne gedeihen, irgendwo „Wohnungen" für „Einsiedlerbienen" sind, und auf einem breiten Ast die flachen, moordunklen Panzer der euro-

päischen Sumpfschildkröten ein Sonnenbad nehmen, eh sie mit einer geschwinden Bewegung im Weiherwasser wegtauchen.

Oder das Hubschrauber-Schwebende einer neonblauen Libelle, die mit einem Ruck weiterfliegt ...

Wie gut, dass hier nicht „hunderttausend" Lebewesen gezeigt werden, sondern einige Glanzstücke der Schöpfung – würden sie durch unseren „Weltverbrauch" keinen Freiraum zum

Leben mehr hier haben, wäre es genauso, wie wenn aus unseren Farben das Gelb oder das Blau weggenommen würde, oder wenn es weltweit einfach keine Äpfel mehr gäbe.

Das Großartige im Kleinen: hier wird es als AugenEreignis gezeigt – wohlbehütet. Schön ist es auch, in der Sommerglut dem scheinbar plumpen Tappen der „griechischen" oder „mauretanischen Landschildkröten" zuzuschauen. Allein schon ihr Name: „SchildKröte" – das Urbild des Gepanzerten und zugleich des Verletzlichen. Zuweilen ist in ihrem Gehege auch das Fauchen der schuppengepanzerten Köpfe zu vernehmen, auch das Zusammenprallen der Panzer und das unbeirrbare Poltern, dazu das Zielgerichtete der mit Krallen bewehrten Füße. Auch kann es geschehen, dass inmitten der Salat und Obst fressenden „Panzertiere" sich anmutig eine Ringelnatter hindurchschlängelt – sie ist dann keineswegs aus einem der Behälter entwischt, sondern sie fühlt sich hier in der Teichwildnis des Freilandes hei-

misch wohl: als freies Wesen. Wer hierher zum Blickschärfen kommt, der wird alsbald bemerken, dass aus dem reinen „Anschauen" etwas „Andächtiges" wird, denn nur wer „ganz versunken" betrachtet, dem geht auf, dass er hier durch ein Fenster in die wundervolle Vielfalt der Schöpfung schaut. Da kann es gut sein, dass dem Geduldigen ein Zusatzgeschenk gegeben wird: Eine gute Weile schaut er dem schwarzgrauen Muster einer „Aspis-Viper" zu; er sieht, dass deren Augen ziemlich trübe sind – und mit einem Mal, wie wenn eine Frau einen Seidenstrumpf auszöge, beginnt diese Viper, mit reiner Muskelkraft, ihre bisherige Haut abzulegen – als ob sie an einem unsichtbaren Reißverschluss zöge. Das Wunder der Verwandlung – der Häutung – setzt ein und dauert nur wenige Minuten.

Immer wieder überraschen – auch das macht die Schönheit der Natur aus. Im zierlichen Zoo des Freiland-Aquariums ist diese Grundausstattung unserer Heimat hautnah zu erleben, ganz umsonst.

Kurzbesuch beim Großen Albert

Iᴄʜ fuhr durch die Albertus-Magnus-Straße in Stein. Ein Campanile wirkte hell, noch heller der Vorplatz der Kirche, noch ein bisschen heller ihr

Innenraum: durch die Lichtleiste unmittelbar unter dem Dachfirst; das Ganze aufgehellt durch das wie weißgepuderte Holz.

Das Bronzeportal: Was für ein schöner Einfall, dass die noch ganz junge katholische Kirche, 1989 geweiht, mit ihrer HeuteAnmut eine uralte Idee aufgreift – zwei starke Sinnbilder am Eingang. Das erinnerte mich sogleich an das grandiose Bibel-ErzählPortal von San Zeno in Verona.

Rechts der lange Schlangenweg, mit Adam und Eva, und der Baum im Paradies wird zum Lebensbaum des Kreuzes – durch das unermessliche Geheimnis: Der MenschenSohn ist zugleich der Gottessohn.

Albertus Magnus, der große Kirchenlehrer aus dem 13. Jahrhundert, erst 1931 heilig gesprochen. Ich entsinne mich: in Regensburg gibt es einen Raum, in dem der Große Albert lehrte; unter der Kanzel war zugleich ein Schreibpult für denjenigen, der das Gesprochene festhielt. Als dieser Albertus 1260 in das „verwahrloste Bistum Regensburg" kam, schrieb er: „In der Kasse kein Geld, im Fass kein Tropfen und in der Scheune kein Körnchen." Na bitte! Lasst euch also wie der Heilige Albert nicht entmutigen, trotz leerer Kirchenkassen!

Seltsamer Zusammenhang: Albertus Magnus ist seit 1941 der Patron der Naturwissenschaftler – demnach wirft er gewiss auch sein behütendes Auge auf das nahegelegene „Freiland-Aquarium".

Und während die Orgel ausklingt, schmunzelst du: weil der Kirchenchor hier sich die „Stein-Heiligen" nennt. Hernach schlenderte ich noch um das Oktogon der Friedhofskapelle herum; unmittelbar daneben die Werkstatt eines Steinmetzen. Zwischen ausrangierten und neuen Grabsteinen erblickte ich eine Steinsäule, auf deren oberen Ende eine Treppenstiege eingehauen ist, und darauf steigt ein Wanderer hinauf – die vergoldete Himmelstür ist nur noch ein paar Treppestufen entfernt. Solch einfältige Zuversicht – auch sie hat etwas für sich.

Bei dem Bildhauer Hanspeter Widrig

Er hat eine langgestreckte, überaus schöne Kuh so anmutig klar in Bronze gegossen, dass den Betrachter Wehmut befällt, wenn er sogleich an die in engen Ställen stehenden Rinder denkt.

Wer den gestreckten Hals dieser „Ur-Kuh" betrachtet, ihre ruhende Bewegung, der könnte vielleicht den Ruf einer Kuh nach ihrem Kalb hören – und sogleich erinnert der Künstler an eine erwiesene Wahrheit: wenn eine junge Ziege nicht innerhalb von zwölf Stunden von ihrer Ziegenmutter geleckt und geschleckt wird, dann wird aus ihr ein verhaltensgestörtes und also gemeinschaftsunfähiges Tier. Hanspeter Widrig, 1945 in dem berühmten Ort Küssnacht a. R. in der Schweiz geboren, lebt und arbeitet seit 30 Jahren in Stein. Er ist einer der ganz wenigen bildenden Künstler weit und breit, die in ihrer Arbeit unbeirrbar die Achtung vor dem lebendigen Wesen zum Ausdruck bringen. Einer seiner Lehrer war der legendäre Hans Wimmer; seinerzeit Professor an

der Nürnberger Akademie. Bei ihrer ersten Begegnung sagte der 'Meister' zum 23-Jährigen: „Werden Sie Schreiner! Schlechte Bildhauer gibt's genug!" Einer der besten Irrtümer des überaus kritischen Bildhauers. Im zweiten Anlauf war der gebürtige Schweizer dann angenommen worden, und sein Werk behauptet sich. In Ansbach geht sein „Gumbertus" hinab zu den Menschen. „Ich bin gläubig", das verkünden viele seiner Gestalten, denn „wer denken kann, muss glauben". Hanspeter Widrig, der als 19-Jähriger eine Bildhauerlehre begann, weiß, dass in diesem 'Handwerk' ohne Fleiß „nichts geht", doch wichtiger noch ist dabei die Gewissheit, dass alle künstlerische Form nur einen Todfeind hat: die Willkür. Wer keine Ahnung hat von einer „bestimmten Form", der flüchtet sich ins Beliebige.
Er hat für einen Brunnen zwei Frauen einander begegnen lassen: Maria und Elisabeth. Dieses biblisch schöne Zusammentreffen nannte er „Begegnen und Verstehen". Als eine bayerische Staatsministerin diese Zwei sah, sagte sie: „Sie machen das, was wir haben möchten, aber wir trauen uns nicht!" Hanspeter Widrig indes traut sich, ein schönes Pferd darzustellen oder jene Kuh, und Christus als den Gekreuzigten und zugleich als den Auferstandenen. „Damit die Figur interessant wird", sagte er einmal, „muss man sehr genau hinschauen, damit etwas

Lebendiges daraus wird." Vielleicht spielt da auch die gute Mitgift seiner Herkunft mit: der Großvater war Bauer, der Vater Förster. Er hat also nie den Naturbezug verloren. Und wenn er einmal 'nichts' tut, dann geht er sehr gerne an steinführenden Flüssen entlang – und 'fischt': seine Beute sind oft wundersam gestromte Kiesel, gemaserte und in Form geschliffene Steine. Und auch an Urformen afrikanischer Masken hat er seine Freude, weil da Ausdruck und Farbkraft zusammenspielen, um das Menschliche, bis hin zum Dämonischen, zum Ausdruck zu bringen. Und dann sind wir von seinem erfüllten Haus, samt Garten, hinübergefahren ins nahe Deutenbach.

Die „Glaskirche" von Deutenbach

BISLANG hatte ich immer nur gehört von der „GlasKirche" dort und ich staunte über das kühne Bauwerk aus Stahl und Glas, das in seiner Form an die Urform der Rundkirche erinnert – etwa in Altenfurt bei Nürnberg oder in Mantua. Und so standen wir denn, im leichten Nieselregen, vor diesem GlasbauRund, mit seinem Edelstahl und dem Weiß der Stühle. Neben dem Altar – auch er eine nüchterne Glasscheibe – steht, nein!, erhebt sich auf anthrazitgrauem Stelen-Sockel eine mächtige Scheibe aus Glas: Davor die Gestalt des Ge-

kreuzigten – sein Lendenschurz gleicht einer Dornenkrone, sozusagen in Hüfthöhe: wie wenn der Gekreuzigte aus der Larve des Leidens schlüpfe, um nun mit verklärtem Leib aus der Todes-Passage zum Ewigen Leben aufzusteigen.

Dieser Deutenbacher „Christus auf der Scheibe" adelt die „Paul-Gerhardt-Kirche", die auch an den sächsischen Kirchenlieder-Dichter (1607–1676) erinnert, dessen „geistliche Lieder" so anrührende GlaubensBegeisterungen enthalten: wie „Befiehl du deine Wege" oder „O Haupt voll Blut und Wunden" ... Und wie schön, wenn dieses Bild von Hanspeter Widrig bei Tageslicht zu sehen ist, und wie anders schön es leuchtet: des nachts angestrahlt. Als ich im Regentrüben die wie Schotterschütten anmutenden Gestelle vor der Kirche sah und erst auf den zweiten Blick erkannte, dass darin die vier Kirchenglocken aufge-

hängt sind, musste ich an Rußland denken, wo es Gang und Gäbe ist, dass die Glocken einer Kirche neben ihr hängen – als kleine Läutediener.

Südseeträume – um Mütter besorgt – und ein Kindheitsparadies

HOCH oben, jenseits des Flusses, das ganz und gar 'unfränkische' Schloss von Faber-Castell: als gliche es einem englischen Edelreis, aufgepfropft auf einen fränkischen Apfelbaum, hoch über einer Streuobstwiese. Die Stadt Stein beginnt als Ort erst linkerseits der Rednitz. Gleich nach der Brücke einer der anmutigsten Stadtwege weit und breit: die Untere Wassergasse. Was für einen Charme hat dieser Balkonweg längs des Flusses – und führt dann ganz einfach weiter ins Grüne, ins Freie. An einem 1. Mai be-

gegnete uns hier ein Jagdfasan mit seinem blaurroten Kopf; am Ufer sang eigens für uns ein Rotkehlchen. Im sachten Bogenschwung der Rednitz mutet der Ort schön abgegrenzt an; erst im Jahre 1977 ist er zur Stadt erhoben worden. Anno 1632 war Stein „völlig zerstört". Eigenartig, dass diese 'junge' Stadt nur eine einzige Achse hat: die Hauptstraße; in deren Mitte, am Martin-Luther-Platz, steht, bekenntnisstark, die Martin-Luther-Kirche. Im Gewebe des Ortskerns ist das Fachwerkgebäude der Stadtbücherei nicht ohne Reiz; Gaststätten machen lebendig; dazu die Akzente vom Kulturhaus am Gasweg und vom Rathaus.

Wie lange mag das schon her sein, dass Stein den allerersten 'englischen' Magnet weit und breit vorzuweisen hatte? Der Lockruf hieß ganz einfach „ins Palm-Beach" – das klang wie „BallmBiietsch", und rief junge Leute von ganz weit her – so etwas Exotisches, ja Unvorstellbares gab's nicht mal in Nürnberg. „Palm Beach" ist nachwievor eine Attraktion: Das Wellenbad, samt seinen Blockheizkraftwerken, hat etwas von Südsee-Verlockung, von KaribikHerbeizaubern – mit allem, was eben zur „Wellness" hierzulande gehört: inklusive tropischem Grün, Cocktailbar, SuperLiegen zum „Relaxen". Großformatige Reproduktionen von Gauguin-Gemälden verweisen suggestiv auf den Maler Gauguin, der tatsächlich auf Tahiti war und auf La Dominique, einer der Marquesas-Inseln. In einem Brief von 1901 schrieb er an einen Malerfreund: „Letzten Endes muss in der Malerei die Suggestion, nicht die Beschreibung gesucht werden."

Rund 680 000 Besucher suchen dieses 'Erlebnisbad' alljährlich auf – zum nassen Vergnügen. Wellness – Entspannung – Genesung: lauter angenehme Worte. Dazu gehört auch das „Müttergenesungswerk", das bis zur 'Verpflanzung' nach Berlin sinnigerweise seinen 'Sitz' eben in Stein hatte. „Müttergenesungswerk" – haben wir als Kinder nicht dafür mit Blechbüchsen gesammelt? 1950 ist diese gemeinnützige Stiftung von Elly Heuss-Knapp, der Frau des ersten Bundespräsidenten Theodor Heuss, gegründet worden. Ihre Träger waren beide Kirchen, die Arbeiterwohlfahrt, das Deutsche Rote Kreuz und der Deutsche Paritätische Wohlfahrtsverband. Mütter als 'Sorgen-Kinder' der Gesellschaft – dies Problem wird uns bleiben, und so kann es nicht ausbleiben, dass mancher Genesungswunsch auf der Stre-

cke bleibt, weil die Zahl der bewilligten Mütterkuren stark rückläufig ist; ein Klagelied darüber war auch im Jahr 2005 vom „Frauenwerk Stein" zu vernehmen. Südseeträume und Sorgen um Mütter: ganz nah beisammen in Stein. Und da muss ich nun an meinen Malerfreund Werner Knaupp denken, der zwar 1936 in Nürnberg zur Welt kam, aber die ersten 25 Lebensjahre in Stein zubrachte – aufgewachsen just in der „Knaupp-Straße".

Wenn dieser leidenschaftlich besessene Maler von 'Vulkan'-, 'Sahara'-, 'Lofoten'- und 'Meer'-Bildern von seiner 'SteinZeit' erzählt, wird das Paradies einer Kindheit sogleich vorstellbar. Wie's am Ende seiner Straße, damals, vom Mietshaus aus, sofort ins Wild-

freie ging – mit Sandwegen und Pfützen. Wie sie bis Deutenbach stromerten; auf Wiesen die Stallhasen laufen ließen; wie sie im Stadtpark herumräuberten, und selbstverständlich auch die „Flohzüchter" kannten, also das Gelände von meinem „Schildkrötenparadies". Und gebadet haben sie am Wehr von „Neuwerk" – und durch die Astlöcher der 'Umkleidekabinen' geschaut, wenn darin die 'Nixen' waren. Selige Zeit – nicht nur am Wasser, sondern auch während der Kärwa im Kohlerspark, wo sich die Buben Freifahrten verdienten durch eigenhändiges Karussellschieben ...

Weit herum kamen die Burschen: streunten über Wiesen und Felder bis hinüber nach Loch; kannten die Gar-

benmännchen und genossen, nach mancher Kartoffelernte, das „Quecken-feuer". Sogar im „Warmwasserkanal" des nicht so weit entfernten Kraft-werks haben sie gebadet, und von dort „Schlacken" ausgesucht: zum Heizen daheim. Stets verbinden sich mit sol-chen KindheitsParadiesen auch versun-kene Ortsgeschichten, und also auch ein Nachhall von Geschichte: Wenn der junge Werner mit seinem Holzroller die „Eisenstraße" hinunterdonnerte und er nicht selten die Frage vernahm: „Bist ah ä Faberer?" Sein Vater war 40 Jahre, sein Großvater 20 Jahre „bei Faber". Werner Knaupp, der im 'Zeichnen' im-mer nur 'Einser' hatte: Er ist als Maler berühmt geworden – seit 2004 Mitglied der Bayerischen Akademie der Schönen Künste: mit 'Weltbeginn' in Stein.

In der Welt berühmt – zu „Faber-Castell"

DER Eintrag im Telefonbuch 72, Nürn-berg-Fürth, ist beinahe verschwiegen bescheiden: „Faber-Castell AG, Schreib- u. Zeichengeräte". Unter den 14 Einzelanschlüssen auch: die „Be-triebskrankenkasse".

       „Faber"

       „Faber-Castell"

Beim ersten Stichwort denke ich an den Roman von Max Frisch: „Homo Faber" (1957). Darin dieser Satz: „Ich habe mich schon oft gefragt, was die Leute eigentlich meinen, wenn sie von Erlebnis reden."

Beim zweiten Stichwort muss ich so-fort an das WeinFürstentum „Castell" denken – mit seinen Weinhängen rund um den Kegelberg in dem Ort Castell. Jetzt sehe ich zwei Zeichnungen von Michael Mathias Prechtl vor mir; die eine schwarzweiß (1973), die andere in Farbe (1975): beide Male „Roland Graf Faber-Castell". In dem einen Bild der Graf, sitzend, von drei edlen Hunden umspielt; ein dazugezeichnetes Spring-pferd erinnert an den Reiter. In dem anderen Bild: Der Graf, „sitzend nach rechts", im blauen Anzug; nur der Pudel ist dabei. Einmal hatte der Maler ge-sagt, dass der Graf mit seinem Porträt nicht zufrieden gewesen sei. Viele Leute, sagte jemand anderer, seien ent-zückt gewesen von dem 'Familienro-man' über 'die' Fabers: „Eine Zierde in ihrem Hause", von Asta Scheib.

Ich arbeite seit Jahren mit den Farb-stiften „Polychromos" von „Faber-Castell"; es sind über hundert eigen-ständige Farbtöne, die einen faszinie-renden Farbbogen spannen – von „Neapelgelb, dunkel" über „Geranium-rot" bis zu „Magenta". Ohne sie will ich nie schreiben.

Da ich weiß, dass Menschen mit welt-berühmten Namen überaus empfindlich sind, was freilich nicht eine Steige-rung von „empfindsam" bedeutet, schlage ich in meinem „Meyers Kon-versations-Lexikon" nach (5. Auflage, 1895): „Faber, Johann Lothar von, Industrieller, geb. 12. Juni 1817 in Stein bei Nürnberg, übernahm nach einem dreijährigen Aufenthalt in Paris 1839 die von seinem Urgroßvater 1760 in

Wenn ich zu einem „Studio-gespräch" des Bayerischen Rundfunks im Treppenhaus hinaufschreite, muss ich jedesmal an die „Albrecht-Dürer-Gesellschaft" denken, deren hinreißende Kataloge und Ausstellungen ohne den Mäzen Faber-Castell niemals möglich gewesen wären. In dem seltsam außerzeitlich anmutenden Saal muss ich daran denken, was da für eine überaus buntschillernde, weltnamhafte Gesellschaft von Journalisten und Schrift-stellern zusammenkam, hier in diesem damals wohl außerirdisch anmutendem Schlosse: zur Berichterstattung über die „Nürnberger Prozesse". Und während ich eigentlich dem Vortrag lau-schen sollte, sehe ich in einem Erker-zimmer jene berühmte Ziege von dem Bildhauer Wilhelm Uhlig vor mir, deren Bronzeguss hier einmal ausgestellt worden ist. Mit geschlossenen Augen gehe ich aus dem Zauberschloss hinab in den weiten, von mächtigen Bäumen bestandenen Park, und sehe jetzt alle diese 'Lebensverherrlichungen' des zeitgenössischen Bildhauers, über des-sen Werke jemand zutreffend gesagt hat: „Nur Materie – aber ganz beseelt".

Durch einen Zufall einmal in den eben-falls verschwiegen bescheiden an-mutenden Verkaufsraum für die Beleg-

Stein begründete Bleistiftfabrik, wel-che damals noch mit 20 Arbeitern nach dem alten Verfahren arbeitete und, wie die gesamte Nürnberger Bleistift-industrie, durch die Erfindung des Pariser Bleistiftfabrikanten Conte von der Konkurrenz fast ausgeschlossen war. F. führte bedeutende Verbesse-rungen in der Bleistiftfabrikation ein und erhob seine Fabrik zu einer Mus-teranstalt, an welche sich die gesamte Bleistiftfabrikation Deutschlands und Österreichs angelehnt hat. Seine Poly-gradesstifte fanden überall verdienten Beifall, und durch seine rastlose kauf-männische Tätigkeit wusste er einen großen Absatz zu erzielen. 1874 erfand er Kopierstifte in verschiedenen Härte-graden. Er errichtete Zweiggeschäfte in New York, Paris, London, Berlin und Agenturen in Wien, Petersburg, Ham-

burg, / ... / und gewann neuen Auf-schwung, als F. 1856 durch einen Ver-trag das Recht auf alleinige Benutzung des in Ostsibirien entdeckten vorzügli-chen Graphits erwarb. Er errichtete auch in Geroldsgrün bei Kronach eine Fabrik für Schiefertafeln, eigentümlich präparierte Schieferstifte / ... / und beschäftigt gegenwärtig 1100 Arbei-ter." 'Tatsachen': aus dem Jahre 1895! Eigentlich müsste ich jetzt aufspringen und stehenden Beifall zollen – für die-se singuläre Leistung samt ihrem Durchhaltevermögen. „Faber" steht auf einer Stufe mit „Venedig", also höher als ein Mercedesstern: „Faber" ist ein Phänomen. Jedesmal, wenn ich von Nürnberg dahergefahren komme, erhebt sich da gleich nach der Stadt-grenze dieses Zauberschloss: Ander-land, ganz und gar unfränkisch.

schaft geraten, kam ich aus dem Staunen über 'Edelschreibgeräte' nicht mehr heraus – und erwarb Füller und Kugelschreiber für meine Frau; diese 'beseelten' Gegenstände liegen wunderbar in der Hand. Hochadliges Schreibgerät.

Anlässlich eines Jahrhundert-Jubiläums vom „Castell-Bleistift" prangten auf einem Plakat lauter 'fabergrüne' Stifte: zur Ausstellung von Aquarellen und Zeichnungen des Nobelpreis-Dichters Günter Grass. Dieses so überaus zuverlässige 'Fabergrün' sah in dem Grass'schen Aquarell so aus, als sprössen lauter glühende Halme aus einem einfachen Tontopf.

Zwischendurch lustwandeln wir gerne in dem der Öffentlichkeit zugänglichen „Faber-Park".

Selbstverständlich entging mir nicht, dass längst auch der „Wettbewerb bei holzgefassten Stiften sich enorm verschärft" habe; aber das von Faber-Castell verwendete „zertifizierte Holz sei noch immer ein klassischer Wettbewerbsvorteil". Wieder kommt Beifall auf, wenn eine 'Firma' eben „Bleistifte mit einer Aura" herstellt, also „Produkte, die sich von anderen unterscheiden". Was früher die ostsibirischen Graphitquellen waren, das sind jetzt die 'Holzquellen' in Brasilien. Dort, in einer 110 000-Hektar großen Plantage, bei Minas Gerais, werden eigens für Faber-Castell jährlich eine Million

Setzlinge gepflanzt – und nach 10 bis 15 Jahren werden diese Pinien „erntereif" sein. Dabei fallen dann 20 Kubikmeter Holz 'pro Stunde' als Ertrag an und kein Quadratzentimeter Regenwald muss dafür geopfert werden.

Mit Vergnügen las ich in einer Reportage der so anschaulich schreibenden NZ-Journalistin Irini Tsainis, was da neuerdings im „Museum der Rußkäfer" zu sehen ist: ein „Zeugnis regionaler Industriegeschichte von Weltruhm". Mit einem Mal kann ich mir, meinen 'immergrünen' „Castell 2000" zur Hand nehmend, gut vorstellen, was bei den Minenkabeln aus Grafit für Staub aufwirbelte, und was in der finsteren Werkhalle ureinst beim Brennen der Graphit-Minen für eine Hitze herrschte: bei „1050 Grad". Es liegt auf der Hand, dass auch „Faber-Castell"

heutzutage nicht ausschließlich bei seinem 'BleistiftLeisten' bleibt, sondern seine Produktpalette 'firmenentsprechend' erweitert.

Ebenfalls naheliegend, dass aus dem einstigen „Junggesellenheim" der 'Firma' inzwischen eine aufgeschlossene Galerie für Heutekunst entstand vis-a-vis des Steiner Schlosses, in der Bahnhofsstraße. „Industrie-Kultur" schafft auch „Kultur-Geschichte". Wir müssten wieder einmal Egon Friedells unübertroffene „Kulturgeschichte der Neuzeit" lesen. „Das Schicksal des industriellen Gegenstands ist der Müllhaufen". So apodiktisch klagte einmal der mexikanische Nobelpreisdichter Octavio Paz. Zumindest für die 'Faber-Stifte' trifft das nun ganz und gar nicht zu: sie haben eine kerzenhafte Hingabe; nehmen durchs Immerwieder-Spitzen langsam ab, doch noch im letzten Stummel ist Farbleuchtkraft, bis sie dann, ganz und gar abgenutzt, aus ihrem Dienst entlassen werden.

So hat es seine Richtigkeit, dass in einem Prospekt für die neue „Metropol Region Nürnberg", in dem sich jede Stadt und jeder Landkreis mit nur einem 'Herausragenden' vorstellte, der „Landkreis Fürther Land" diese Weltruhm-Fahne hisste: „Seit 1761 stellt Faber-Castell holzgefasste Stifte her. Die Jahresproduktion liegt bei 1,8 Millionen Stück."

Salut!

Zu Gast an seinem Tisch in Obermichelbach

BURGFARRNBACH schien schon zu ende, da steht kraftstrotzend eine der Fürther Dauerläuferfabriken: für weltweit verbreitetes Spielzeug. Jetzt nur ein Fingerschnalzen, und wieder ist jählings nur Land.

Landhaut: Mühle; Gehöfte in Kreppendorf. Wald-Feld-Wiesen-Land, Riesenfeld-Land. Jetzt: Obermichelbach. Villa an Villa. „Schau-nicht-in-meinen-Garten!" sagt mancher DichtGrünBusch-Zaun. VillenTeppich. He! Und was ist das?

Am Ortsrand eine Kirche. Offen obendrein. Nanu: die zwei Schelme unterm Regenschirm, die kennst du doch! Achja, in Unterasbach hast du die Zwillingsausgabe schon gesehen. Im Kirchhof ein Sandsteingebilde; nicht das übliche Kriegerdenkmal: Sandsteinrot, wie ein Arm oder beinah wie ein „T-Kreuz" – eine Wasserwaage Gottes.

Wieder das Sanftblaugrau der evangelischen Kirchenbänke. Zwei Emporen. Über dem Bogen vor dem Altar: „So ihr mich von ganzem Herzen suchen werdet, so will ich mich von euch finden lassen." (Jer. 29. 15,14).
Es liegt also an uns. Was für ein schöner Zuspruch. Und jetzt, im Bild der Predella: wie sie da am langen Tisch des Herrn sitzen, bei Gott zu Gast sind … Dieses Bild hat jenen anrührenden Charme, den ich an polnischer „Volkskunst" so liebe.

Langhalsgänse in Tuchenbach

WEITLAND, Weitland. Auf dem Weg von Obermichelbach nach Tuchenbach gibt es Stellen, da scheint es, als ob ringsum nur Land wäre, Freiland mit Raps- und Kleefeldern, Wald dazu. Nur einmal erkannte ich den Keckturm von Cadolzburg.
In Tuchenbach fiel mir das Kriegerdenkmal auf. In den vier Szenen an einer Säule ist etwas, das nichts mit militärischem Heroismus zu tun hat: einer der Soldaten geht in Deckung, einer trägt einen Verwundeten. Ehrwürdig das Ganze.
Ein feines Ensemble aus Gehöften, Rathaus und Bücherei; am Schulplatz Bäume dazu und das Häuslein der FFW zeigt seinen FeuerlöschHeiligen.
Und dann ist da ein Stein, der zunächst nur ein Stein ist; doch alsbald erkennst du, dass hier auf anmutige Weise lauter LanghalsGänse in ihren Konturen eingezeichnet sind. Eine ganze Schar

von Schnattergänsen – als Brunnenschmückerinnen.

Ja, und jetzt: diese hübschhohe Terrasse mit Nussbaumschmuck: „Das Gasthaus" – nur, als ich da war, hatte es, leider, seinen RuheTag.

„Sauglück"

In einem der Orte, auf dem nördlichen Hochland, fiel mir zum Ortsrand zu ein langgestrecktes Haus auf, wegen seiner einfachen Ebenmäßigkeit: das Kopfstück des Langhauses zweigeschossig; wenn auch der Verputz nach Neuverputzen rief – die beiden ausgeblichenen Farben gaben dem Haus eine besondere Note. Dahinter angebaut offenbar eine Stallung. Davor ein hellgrüner Eisenzaun: Da huschte etwas vorbei. Es war nur ein Huscher, aber der erinnerte mich sogleich einerseits an das Vorbeisausen einer Wildsau und andererseits an den niedrigeren Körperbau eines vietnamesischen Hängebauchschweines, das ich mal mit seinem Seidenglanzfell im Nürnberger Tiergarten gesehen hatte. Da musste ich hin – und ich staunte: Auf dem weiten Areal des Hofes, zwischen Brettern, Latten und Trögen, auf dem blanken Boden wuselte es nur so von freilaufenden Schweinen.

Die Ferkel waren wie mit schwarzen Kreisflecken bemalt. Vergnügt sausten sie durch das Freiland ihres Hofes.

Ich klingelte. Bald darauf erschien ein Mann, dessen Aussehen mit „urwüchsig" zu bezeichnen wäre. Diese „Mini-Schweine": Irgendwann einmal sei diese Rasse für bestimmte Tierversuche gezüchtet worden. Er, sagte der Mann, sei kein Schweinezüchter, sondern nur Schweinehalter. Und schon ließ mich der Mann in sein Hofgehege. Nun sah ich bei den größeren Tieren den Einschlag des Wildschweins; die Ferkel waren buntgescheckt, und eine hochbeinige Sau hatte eine ganz eigenartige kurze Kopfform, dazu eine hohe Schulter.

Die Munterlinge sausten dahin, dorthin, und nach geraumer Weile machten sie sich über das Futter in Trögen her – und da war nun eine seltsam schöne Bewegung zu sehen: die Schwänzlein der Säue baumelten geradezu rhythmisch hin und her, als wedelten sie vor Vergnügen, weil sie hier weiten Auslauf und Erde zum Wühlen haben. Sogleich gestand der Mann, dass er im Ort nicht beliebt sei, weil er seine Schweine frei herumlaufen lasse – „des passt net ins Ortsbild!", sagten die Leute.

Ei, gewiss: Blumen blühten hier nicht; von Zierrasen weit und breit keine Spur: aber würde sich denn jemand empören, wenn er im selben Ort freilaufende Hühner sähe?

Der Mann sagte: Ein Schwein sei nun mal ein Tier, das zum Leben das Wühlen in der Erde brauche.

Zwischendurch hörte ich das Schnattern einer Gans, die sich in dieser Saugesellschaft sauwohl fühlte. Zwei Herden habe er, sagte der Mann, aber die dürfe er nicht zusammenlassen – die würden übereinander herfallen. Er selber müsse sich nur dann vor dem Eber hüten, wenn die Säue rauschig seien.

Das Quicklebendige der herumtollenden Schweine: würde jemand nach einer Reise durch Bolivien von solchen 'Freiheiten', ja von so einem „Sauglück" berichten, würde man hierzulande ihm beifällig lauschen und keineswegs die Nase rümpfen.

Um nicht SchweineSchaulustige in allzugroßer Zahl dorthin zu locken, verrate ich den Ort nicht, aber schön sind sie, Randolfs zahme Wildfänge, mit ihrem „Sauglück", das sie hier haben.

Bahnvergnügen N° 2: Nach Puschendorf

Jenseits der Bahngleise von Siegelsdorf ist geschreddertes Altpapier in Ballen gestappelt. Der Ort ist als Zuggabel wichtig. Kurzreise für 1,40 Eur. Wegen der „Diakonie" wollte ich ohnedies nach Puschendorf. „Puschen", oder „Pampuschen", klingen nach Hausschuhen ...

Der pünktliche Zug streifte Wiesen und Waldgelände; flugs war ich in Puschendorf: doch wo liegt der Ort?

Linker- oder rechterhand? Der hohe Steg zum anderen Gleis verriet nichts. Vermutlich musst du hangauf. Ich vermisste ein Schild: „Willkommen in Puschendorf! Hier erwartet Sie ..." Also bergauf!

Und oben lag es schon, das Überraschende. Als ob da ureinst ein Wasserschloss gestanden hätte: Das Kirchlein auf einer Insel, hinter tiefem Graben, und selbstverständlich verschlossen. Wundersam liegt es – wie eine Fliehburg; mauerumschlossen, und der zugängliche Friedhof mit hochgeschossenem Grün hatte auch etwas Wildes. Diese Insellage, hoch oben, über der Bahnlinie, hat etwas Verwunschenes. Ich stellte mir den Chorraum vor; seinen Flügelaltar mit 5 Figuren; ist der Schrein geschlossen, zeigt er gemalte

Heiligenfiguren. Diese nie langweilende Wiederholung im Hochaltar: Maria mit Kind. Darüber ein „Gnadenstuhl". Seltsam einfach der eine Seitenaltar: ein Marienaltar. Diese „lieblichste Madonna Frankens": wie sie seit dem 15. Jahrhundert die Freude an einem, an diesem Kind zeigt ...

Ich ging am Dorfbrunnentrog vorbei, noch immer auf eine Tafel wartend „Hier in Puschendorf ..."

Das Wirtshaus „Zum grünen Baum" hat knallblaue Fensterrahmen. Die Speisekarte machte schon vormittags den Mund wässrig: „Bündle" oder eine Portion „Kleinfleisch", für grademal 4 Euro.

Frankenwein lockte: „Zum Bader". Die öffentliche Viehwaage reichte von 25 bis 1300 kg. Ein weiteres Lokal,

„Zum roten Ochsen", einst eine PferdeWechselstation, steht seit 1469 und hat jetzt den mir sehr vertrauten griechischen LokalNamen „Meteora"; mit Biergarten dabei.

Im Postshop murrte jemand über das unbegreifliche Rückfordern der Postzentrale von Sondermarken, die man noch gut hätte verkaufen können ... Kriegerdenkmal. Schützenhaus. Im Wirtshaus „Zum Grünen Baum" hatte ich neben der Tür ein Fenster wahrgenommen; jetzt war dahinter die Theke einer Metzgerei zu erkennen – Tür auf: was für ein Wohlgeruch von Sauerkraut am hellen heiteren Vormittag! Einer Frau war soeben ein Topf gefüllt, und von einem Teller dufteten faustgroße „Knöchla". Es gäb auch „a Schnauzn", und aus einer Glasschüssel leuchtete eine „Hausmacher Sulzen" – ohne alles künstliche Pulver, beteuerte die Frau hinter der Theke; das ließ ich mir nicht zweimal sagen. Indes die eine Frau verschwand, kam aus der Tiefe des Hauses eine andere und erkundigte sich, ob das Kraut auch recht sei. Ach, diese Erscheinung der stämmigen Frau mit ihrem strahlend gutmütigen Gesicht, und dazu, in dem schmalen Lädchen, mit bloß zwei Etagen Angeboten in der Vitrine, großgenug, und dazu noch das einladende weiße Wartebänklein im Verkaufsraum: Unmittelbare Begegnung, kein anonymer Verkauf – wegen dieses Einkaufs allein schon hat sich die Bahnfahrt hierher gelohnt. Wo gibt es sonst noch solche Läden?

Wieder am 'Bahnhof': „Achtung! Der Weiher ist zum Baden nicht geeignet", las ich und hörte eine kaum verständlich krächzende Lautsprecheransage, dass wegen einer Oberleitungsstörung der Zug zurück 10 Minuten Verspätung habe. Na, gut, ich habe für solche Fälle immer Lektüre dabei. Als der Zug endlich kam, fuhr er auf dem gegenüberliegenden Gleis ein; der Zugführer machte eine aufscheuchende Handbewegung: also, hopphopp! Vier Wartende, darunter zwei schon recht Betagte, machten sich im Schweinsgalopp auf - über den hohen Steg auf die andere Seite. Aber immerhin, noch ein menschliches Winken und Warten: der Zugführer entschuldigte sich hernach

für die Unannehmlichkeit, die offenbar durch den Lautsprecher bei uns nicht angekommen war.

Schwuppdiwupp war ich wieder in Siegelsdorf, freute mich auf die Sulze aus Puschendorf und vertröstete St. Wolfgang auf ein andermal.

Auch etwas Besonderes: „Diakonie"

WER, von Westen kommend, durch Puschendorf fährt, passiert am Wald-Ortsrand zuerst den neuen Friedhof. Wenn ein, zwei Gräber mit ihrer Steingestalt eine Ausnahme wagen, ist schon der Sprung ins Neue, also aus mancher starren Form gelungen. Der Ort wirkt als „Wohngemeinde" mit seinen ab 1952 nach und nach entstandenen Neubaugebieten: 14 „Splittersiedlungen", die längst ein zusammenhängendes Mosaik bilden – samt Eiscafe und dem starken Akkord der „Diakonie" am Ostrand.

Wieder einmal Staunen: Vor dem „Mutterhaus" stehen zwei Lastwagen der „Diakonie-Gemeinschaft-Puschendorf", hinter der Windschutzscheibe, in kyrillischer Schrift „gumanitarnaja pomotsch" – die Laster sind soeben von ihrer Fahrt mit „humanitärer Hilfe" aus Slavsk, im „Oblast Kaliningrad", also aus dem sowjetrussisch okkupierten Königsberg zurückgekommen; bei Entwurzelten und Bedürftigen ist diese

Hilfe aus Deutschland hoch willkommen. „Diakonie" versteht sich als „helfendes Handeln" der evangelischen Kirche. Ein Motiv, das im 19. Jahrhundert Institution wurde – wohltuend klingt es, wenn die „Diakonissen" als „Schwester" angesprochen werden. Ein schönes Bild im Eingangsbereich: „Kunst", in Aluminium gegossen – um Christus in der Mitte lauter Menschen, die mit unterschiedlicher Habe „dienen"; keine „Diener", sondern dem anderen „Dienende". Und so 'dienen' in einem Andachtsraum vier Glasfenster, deren Leuchtkraft alsbald verständlich „Heilsgeschichte" darstellt. Vier „Lichtblicke", die aus einer Notlösung entstanden, weil beim Bau Betonrippen mit Buntglas dazwischen vergessen worden waren. Nicht minder ausstrahlend schön das mehrfarbige Kreuz in einem Raum der Stille. Menschen werden hier umsorgt – und keiner, der im hohen Alter „verwirrt" ist, wird mit 'du' angesprochen. Nicht nur im „Heinrich-Heinel-Heim" mit seiner besonderen Betreuung springen immer wieder schon pensionierte Schwestern ein und leisten in unserer so 'berechnenden' Zeit das, was für echte Kultur unabdingbar ist: Arbeit, die „umsonst" geleistet wird. Puschendorf also auch eine Oasenstation im Landkreis, samt „christlicher Buchhandlung"und evangelischer Gemeindebücherei. HeilsGeschichte und Ortsgeschichte: wie sich das mitunter zusammenfügt!

Wäre ich nicht von 'Westerheide' zu 'Rohrhirse' geleitet worden ... Der Rektor, Martin Westerheide verwies mich an den Chronisten Werner Rohrhirsch: ein ehemaliger Polizeibeamter, Amateurfunker mit Sportbootsschein, der Ortsgeschichte auf den Grund geht ... Oft gleichen lokale Chroniken einem Familienalbum – nur interessant für die Verwandtschaft; hier aber tun sich Zusammenhänge auf: Wie lange doch Puschendorf zum 'Bannkreis' um Herzogenaurach gehörte ... Wie spät der Ort zum Landkreis Fürth kam: erst 1931. Wie er zu einer Verwaltungsgemeinschaft mit Tuchenbach 'genötigt' worden ist, von 1980 bis 1998, und dann dank besserer Einsicht wieder Selbständigkeit gewann. Wie's einem weh ums Herz werden kann, wenn man erfährt, dass hier sogar die Orgelpfeifen als 'kriegswichtiges' Material von den Hitlerleuten einkassiert wurden. Wie schmunzelnd liest sich's, dass anno 1864 die Gemeinde eine Waage anschaffte: eigens „zur Controlle des Brotes der Bäcker" ... Und wie freut's einen, dass es das musizierende „Rumspielen" bei der Kärwa noch immer gibt – wen wundert's, dass da 'ureinst' gar viel „gesoffen" wurde.

Wie sorgsam hat sich da jemand Mühe gegeben, um für die alten Anwesen des Kernortes „urkundlich nachweisbar" zu machen, wann eine Hausgeschichte anno 1744 mit einer Heirat

begann. So kann ein „Heimatbuch" zum Ortsgedächtnis werden. Seither weiß ich, was denn eine „Tafern-Wirtschaft" ist – hat nichts mit dem gleichwohl naheliegenden „Tafeln" zu tun: das Wort stammt von der lateinischen „taverna" ab. Puschendorf – einkehrschön.

In einem schönen Winkel: Sommerstündlein in Kirchfembach

In Raindorf fiel mir ein schönes Fachwerk auf: leuchtend auf weißem Grund. Westwärts beginnt alsdann PferdeLand, ReiterLand, ausrittweit. Die ZenngrundBahn schnurrte an

Göckershof ohne Halt vorbei. Das wohlgegliederte Anwesen der Wasenmühle gefiel mir ob seiner Wohlgestalt, und das ganz schmale Brücklein über die Zenn, Richtung Alizberg hat auch seinen Reiz: „Tu nur langsam!", sagt es freundlich.

Zum „Waldfriedhof" wollte ich nicht. Typisch „fürth-hügelländisch" ging's hinauf; vergnügt zog ein Auto eine Staubfahne hinter sich her – zur GartenHäuschenSeligkeit am Waldrand bei Alizberg. Waldfrieden-Stimmung – rund um die alte „Hochstraße", die feldwegstaubige.

Durch ein Waldriegelchen ging's auf der „FÜ 11" hinab: Nanu! Wie das? So unberührt still? Kann das sein? Wohl wusste ich, dass am Nordrücken

von Kirchfembach die große ICE-Bahnstrecke vorbeiführt und in einem Bogenschwung nach Hagenbüchach läuft, doch die TalStille hatte trotzdem etwas Weltverlorenes. Kein Transitgetümmel. Als ob 'die Welt' hier eine Atempause sich gönne – so anmutig liegt der Ort am Hang und wieder so eine Treppengasse namens „Kirch-Hinauf", und wieder romanische UrKirchenZeit (am Turmsockel), und wieder dem Heiligen Veit geweiht...

Zuvor notierte ich mir natürlich, dass hier ein landwirtschaftlicher „Weidebetrieb" neben deutschem „Angusrind" auch Damwild und sogar Mufflons anbietet.

Über 850 Jahre ist diese Siedlung schon alt. Hinauftreppen in der Sommerstille. Die stumpfe Turmspitze verkörpert Langmut. Die Sonne lässt mittags die Glasfenster leuchten; sogar die beiden Dachgauben sind mit Glasfenstern geschmückt; eines begnügt sich mit dem Hinweis auf die „Zehn Gebote": die römischen Zahlen genügen – treuherzig erinnern sie daran, das Immergültige nicht in den Wind zu schlagen.

An der Aussegnungshalle des dazugehörigen Friedhöfleins mit seiner Steinherde, über der Gefallenenliste: ach, dieses anrührend einfache Bild – Jesus beugt sich über einen Sterbenden.

Und hernach wieder das Einladende eines Wirtshauses. Gleich danach das BauZauberWort: „Aus Alt mach Neu!" Köstlich kühn gelöst: aus altem Dach rotgerandet NeuRäume mit Glas zu gewinnen – Lichtbereicherung eines betagten Hauses.

Nur ein paar Schritte weiter der gewiss größte und zugleich feurigste FeuerwehrSchutzpatron des Landkreises – am Gebäude der unersetzlichen „FFW".

Auch hier gibt es Gewerbe und Werkstätten. HeuteNutz neben dem stattlichen Portal der Hagenmühle, an der Erlach. TalAnmut – weiter nichts, und das ist sehr viel.

Kühn gewagt:
Neuland in Tuchenbach

Eine Oberraschung hatte ich in Tuchenbach nicht mehr erwartet. Heinz Leo Weiß? Nie gehört.

Inmitten des Wohlgeordneten, hinter sehr viel Wildgrün, der Holzgiebel eines Hauses: Das muss es sein!

Figuren aus Stein säumen den Weg. Stelen aus Stein schmücken den Garten. Im Grün die magische Kraft eines rötlichen Steins, herzförmig – obenauf, angedeutet, der Kopf einer schlafenden Eiderente: Glich die in ihrer Handschrift nicht dem Gänsebrunnen mit den langen Hälsen in Tuchenbach?

Zwischen Akazie und GingkoBaum die starken Akzente von Steinfiguren: das Kunst-Schöne, das nichts NaturSchönes nachäfft.

Hier lebt seit 30 Jahren Heinz Leo Weiß, der 1941 geborene Bildhauer, der in Aschaffenburg ein Lehramt innehat an der städtischen Meisterschule für Steinmetze.

Und schon waren wir bei jenem hellen Gebäude, das aus dem Buckel am Ostrand des Ortes so etwas Besonderes macht: „Tuchenbach mit seiner wachsenden Siedlung: bislang ohne Friedhof und Kirche: ... Was für weite Wege, wenn später einmal jemand zu seinen Gräbern will ..."

Heinz Leo Weiß, Mitglied im Gemeinderat und in der Kirchengemeinde, machte sich seine Gedanken: „Meist sind Leichenhallen ja nichts anders als halbe Garagen!" Ihn reizte eine aufwändigere, eine schönere Lösung.

Hier ist Beispielhaftes und Eigenartiges geglückt: Die „Leichenhalle" ist zugleich das ganz helle sinnvolle Sinnbild – vom „Durchgang". Im Falle einer Beerdigung ziehen also alle Leidtragenden in den Raum durch die westliche Tür. Nach der Aussegnung aber öffnet sich das dunkle Tor der Ostseite, und es geht hinaus zum Friedhof. Diese „DurchgangsHalle" wird so zum symbolischen Fährschiff, das die Trauergemeinde übersetzt – das kühn Gedachte wird noch kühner: denn nach der Grundsteinlegung 1999 wurde aus dem zuerst nur als Leichenhalle gedachten Gebäude eine Kirche – im

Jahr 2000 zur „Friedenskirche" geweiht. Allerheutigstes also – am Ortsrand von Tuchenbach. Auf vier hohen Säulen davor die Glocke – Totenglocke und Dorfgeläut in einem.

Auch die Gitter haben ihre eigene Handschrift. Ja, natürlich! Auch hier wirkten die beiden Kunstschmiede aus Seukendorf mit.

Und noch kühner weitergedacht: Vom 'Volk' aus gesehen steht rechts neben dem Altar der Taufstein – und genau dort wird dann jeweils der Sarg stehen! Was für eine bezwingende und einleuchtend sinnfällige ZeichenKraft! Mit der Taufe beginnt eines Christenmenschen Leben – mit dem Sakrament des Sterbens im Tode endet es: also beides symbolisch.

Über dem Altar ein sehr 'plastisches' Kreuz – schwebend. Es erinnert in seiner dichten Zusammenfassung, also in seiner Abstraktheit, an die Bedeutung von „Kopf" und „Händen".

Das Altarkreuz von Heinz Leo Weiß zeigt wiederum anderes: Auf dem Viereck der Gekreuzigte, und um ihn herum das Rund der Ewigkeit. Es ist dasselbe Bild, das in den mittelalterlichen KirchenRosetten so wundersam leuchtet. Und noch eine dritte Steigerung kam jetzt für mich hinzu: Da steht also ein VortrageKreuz. Auf der einen Seite, am dunklen Tragestab, das Dustere des Gekreuzigten – also Karfreitags-Schwarz. Eine Drehung: und schon kommt das Osterlicht – wie anrührend, wie ermutigend dieser Auferstandene: da leuchtet, weißgewandet hell, schon der verklärte Leib des Auferstandenen. Wundersame BildSprachKraft in Tuchenbach.

Was alsdann draußen zunächst wie eine Bank anmutet: es ist ein Schieferstein, mit den Umrissen eines Menschen – das Bild einer Bahre. Ein Bild, das fragt: „Was bleibt denn, zuletzt, von einem Menschen?" Eigentlich nur jene „Abdrücke" und „Eindrücke", die er bei anderen hinterlassen hat. Hohe zeitgenössische christliche Kunst – mitten im „Land" zu sehen, im „BesonderLand".

Inzwischen war mir längst klar geworden, dass ich bei meinen Expeditionen durch den Landkreis Fürth bereits mehrfach dem Werk von Heinz Leo Weiß begegnet bin: an der Kirche in Obermichelbach, am Veitsbrunnen in Veitsbronn.

Was für ein schönes Bild, zum Schluss: Für den Fall, dass bei einer Beerdigung die Friedenskirche nicht alle Menschen fassen kann, wurde vorsichtshalber an der Südseite ein Vordach gleich mitgebaut. Und siehe da: auch das macht seinen besonderen Sinn: Stellt euch den freudvollen Erntedanksonntag vor! Oberhalb des Friedhofes, ganz nahe bei den Toten, also bei den Ahnen: warum denn nicht, wie etwa in Osteuropa, ihrer gedenken als „Weiterlebender"? Indem man selber feiert! Und also wird aus dem TrauerVordach eine Halle des Lebens – und an so einem Sonntag sitzt hier die Gemeinde beisammen und feiert, und sie schmausen Schweinebraten nach dem Gottesdienst – ohne schlechtes Gewissen. Auch so eine magische Stelle im Landkreis Fürth.

Zenn-Kringel

OBERNZENN, Unternzenn – all die Zenn-Schlösser liegen im oberen Zenn-grund: außerhalb des Landkreises. Langenzenn aber ist die Hauptstadt in diesem flachweiten Wiesengrund. Gemächlich trödelt die Zenn daher; ab und zu begleitet sie ein abgezweigter Mühlbach.
Die französische Pianistin Helène Grimaud schrieb in ihrer „Wolfssona-te": „Die Landschaften sind in ihrem Wesen musikalisch." Zutreffend auch dieses Begreifen: „Der Wasserlauf ist das Legato".

In der Tat: die Zenn verbindet die an ihr liegenden Orte – aber nicht als eine Direktverbindung, sondern als Schlän-gellinie, als Kringelband und als Bitt-steller: sein Uferland frei zu lassen. Zuweilen erinnert sie nachdrücklich daran – hochwasserwütend. Unermüdlich ihr „dahin". Ihr „Legato" gleicht einem „Andante", ziemlich „moderato": Ihr Bogenschwung vor Raindorf. Ihr Gekräusel zwischen Veits-bronn, Bernbach und Kreppendorf. Erst

ZENN

danach darf sie, ortslos, ihr „Allegretto" spielen – mit allerlei Kringeln, als wär' sie für immer mit ihrer Talmulde zufrieden. Zuweilen erschrickt sie über das plötzliche „Accellerando" – nach einer Staustufe an einer der Mühlen. Wie wär's denn einmal, wenn alle Musikgruppen des Landkreises sich zwischen Veitsbronn und Siegelsdorf, in der ZenngrundWiesenArena, zusammentäten und 'alles', was ihnen an „Wassermusik" spielbar ist, als „Zenn-Musik-Strom-Festival" zum Klingen brächten …

Hinter einem Haus

Die Einkaufsstraße von Siegelsdorf, beispielsweise, bietet große Fülle an – mehr als für den tagtäglichen Bedarf, und Auswahl obendrein. An einer Hauswand stapeln sich Getränkekästen, als müsste hier Trinkvorrat 20.000 durstige Seelen vor dem Verdursten retten.

Manchmal juckt's einen schon, hinter all den schmucken Häusern nachzuschauen: „Was ist denn dahinter?" Oh diese heimischen Variationen zum

Thema „ich mach mir's schon gemütlich"! Hinter Haus und Garage: eine Laube, mit lauter ausgedientem schönen Landwirtschaftsgerät; davor aus Steinen ein „MuttertagsHerz" für die Ehefrau: zum selber Bepflanzen; sogar ein selbst gegrabener Brunnen fehlt nicht – tiefer als der Wasserspiegel der Zenn. Und am Gartenrand eine sehr lange Voliere – mit lauter seidenweißen „SchauTauben" besetzt: ein Augenschmaus. Manchmal dürfen sie sogar ausfliegen – und sie kommen auch wieder, sofern sie der scharfäu-

gige Turmfalke vom Veitsbronner Kirchturm nicht erspäht hat und greifvogel-
schnell zwischen zwei Bäumen daher-
schießt und sich eines der Schönweiß-
chen schlägt. Kleines Paradies in
Siegelsdorf.

Weltenbummler mit Bulldog

Aʙ und zu kommen schmucke und
wohlgepflegte Oldtimer aus ihrem
Dornröschenschlaf und fahren als Para-
dekolonne durch den Landkreis. Am
Straßenrand schlagen Herzen höher –
als wären die Autos von heute lauter
Aschenputtel. Dieser Charme des Vergangenen. Diese NostalgieWecker...
Es muss ja was dran sein am Charme
des Robusten, der Zuverlässigen: Ist's
nicht auch ein Zeichen gegen die Weg-
werf-Mentalität?
Dass „auf dem Land" rüstige Traktoren
als Veteranen noch immer ihren treuen
Dienst tun: ich könnt' ein Loblied auf
einen alten „Hela" oder „McCormick"
singen. Noch besser aber macht das
eine handvoll Traktorfreunde; es sind
die „Oldtimerfreunde Zenngrund".
Stellen wir uns diese Mammuts aus
der Traktor-Nachkriegszeit vor mit ihren
immer noch klangvollen Namen:
„Allgaier", „McCormick", „Hanomag",
„Porsche", „Steyr", „Ferguson",
„MAN" und „Fendt". Diese Urbilder
von Verlässlichkeit – lauter „Diesel-
Rösser".

Jetzt werden sie zur Ausfahrt nochmals auf Herz und Nieren geprüft –
und dann ihre seltsamen „Anhänger"
gefüllt. Der eine hat sich ein ausge-
dientes rotes Wägelchen einer „FFW"
hergerichtet; der andere einen simplen
PKW-Anhänger ausgebaut, und wieder
ein anderer einen „Mistwagen" zum
„Zigeunerwagen" umgebaut. In diesen
„Schlafwägen" werden sie übernach-
ten.
Das wird ein „Aufgschau" geben in
Wilhermsdorf, wenn sie aufbrechen –
diesmal über Oberfranken und Sach-
sen durch Böhmen bis Wien und wieder zurück nach Siegelsdorf. Wenn sie
so mit 20 km/h dahintuckern, schaffen
sie gut und gern 100 Kilometer am Tag
– bei 5 bis 8 Litern Durchschnittsver-
brauch. Langsam auf Landstraßen
dahin; ohne Führerhauskabine Wind
und Wetter ausgesetzt – wenn die auf
den Kehren eines Bergpasses hinauf-
rattern ... Und dann das „Hallo"-Will-

kommen bei Freunden etwa in Öster-
reich. Weltentdecken beinah im Schne-
ckentempo und Freundschaftserleben
in einem. Selig die langsamen Bulldog-
Reisenden – sie werden für eine Weile
der Eile ein Schnippchen schlagen.

„Sommerschnitt"
im Obstlehrgarten

„Bʀᴇɴɴᴇʀᴇɪᴇɴ" und „Obstpressen" sind
hier nicht selten. Bemerkenswert, dass
solche Betriebe ihre zahlreichen Zulie-
ferer auch hier haben – der Obstbaum-
bestand im Landkreis kann sich sehen
lassen.
Ihn zu erhalten und pflegen: dazu
braucht's Wissen und Können.
Und so ist es nicht genug zu preisen,
dass im Landkreis ein „ObstLehrGar-
ten" gedeiht, der BaumNützlichkeit mit
Pflanzenschönheit verbindet. Dieser
Zaubergarten wird gut umsorgt: dafür

braucht's das richtige Händchen und vor allem den erkennenden Blick. SommerSamstagMittag.

Jenseits der Bahnlinie, im aufblühenden Industriegebiet von Siegelsdorf, liegt diese Oase.

In der Gartenmitte, buchsbaumumhegt, Beerensträucher.

In einer Ecke, blumensprühend, mit gelber Schafgarbe und Echinacea, der „Bachblütengarten".

„Wie steht ein Baum da?"

„Fällt genug Licht zwischen dem Laub auf die Früchte?"

„Wo wuchert zuviel Geäst?"

„Welchen Baum gilt es jetzt noch besser zu formieren?"

„Welchen muss man im Winter mit einem kräftigen Rückschnitt so kitzeln, dass er nachtreibt?"

„Wenn wir dem Birnbaum links einen Überhang wegnehmen, dann braucht er rechts einen Entlastungsschnitt – aber wo?"

Klare Fragen, auf die es eindeutige Antworten gibt.

Ich sehe „starkwüchsige" Bäume; an eingerollten Birnenblättern ist jetzt das Unwesen der „Birnenrollmücke" zu erkennen, woanders wildert der „Fruchtschalenwickler". Hie und da fällt jetzt das „Schadbild" des „Frostspanners" auf.

Hier wird der Blick für das Vielfältige eines Baums geschärft. Inzwischen ist eine stattliche Schar mit ihren Zwickscheren gekommen, um an schon

früher bearbeiteten Gewächsen weiterzuschneiden. Lauter wissbegierige „Lehrlinge" aus allen Altersklassen. Man spürt das sofort: die gehen mit wachen Augen mitdenkend durch das Wuchsjahr eines Baumes. So ein „Sommerschnittkurs" kann Augen öffnen – Schule der Genauigkeit, um beispielsweise die einjährigen Triebe einer Kirsche zu stutzen. Darüber hinaus geht es hier auch um den Erhalt lokaler Obstbaumsorten und obendrein auch um all die Obstanbauer zu schulen, damit sie reichen Ertrag zu den heimischen Mostereien liefern können, wo der Zulauf sehr groß ist.

Der Landkreis gibt hier ein gutes Beispiel. Es ist unverzichtbar. Naturschutz beginnt ja mit Wissen. „Naturschutz" bedeutet Verantwortung – ist also auch eine Grundaufgabe der Politik.

Zum heiligen Veit – aber nicht von Staffelstein

UNGEWÖHNLICH klar erhebt sich die Kirche von Veitsbronn, als gelte es, dem ganzen Umland zu zeigen, welches Haus das Allerwichtigste ist.

Eine Kerbe führt hinauf zur Chorturmkirche. Schnurgerade die Treppenstufen: schön beginnen sie – mit einer Gestalt aus unserer Zeit: Zwei Figuren schmücken die Veitsquelle – Kirche als Quelle, als unerschöpflicher Quell verstanden.

Oben angelangt, da wartet das Kirchhoftor: „Glaubet an das Licht" ruft es den Ankommenden zu. Wer Sonnenuhrsprüche sammelt, der findet hier einen guten Mahnspruch: „BEDENK DEIN ZEIT DEIN EWIGKEIT". Einladend dieser Ort zum Furchtverjagen; eine Stelle, um sich zu verjüngen – im Angesicht des Immerschön der Altäre.

In drei Altären wird sie gefeiert: die Gegenwart der „Gemeinschaft der Heiligen", wie es im gemeinsamen Glaubensbekenntnis heißt. Leiblich schön die Frauen: Agnes und Lucia, Barbara und Katharina, Margarete und Dorothea – im linken „BarbaraAltar".

Der rechte Seitenaltar ist ein „Marienaltar", der Muttergottes geweiht – also der Gottesmutter. So anmutig schön: das Geheimnis, das Unfassbare – in Menschengestalt.

Nicht minder ergreifend schön: der Katharinenaltar – an der Langhauswand.

Daneben, ganz zierlich: das „VitusAltärchen". Noch immer nachzuvollzie-

hen: wenn sich vor einer solchen Gestalt ein Mensch an den wendet, an den diese Gestalt erinnert – und sich ihn jetzt als Fürbitter wünscht. Vor solchen Gestalten hat die Hilflosigkeit des Menschen nichts Demütigendes; die Heiligen schauen nie hochmütig herab – sie stehen bereit, ganz Ohr für uns.
 Der Veit selbst ist heiter. Ein ganz junger Kerl war er, und hat sich nicht bestechen, nicht abbringen lassen. Der Siedekessel konnte ihm nichts anhaben. Dazu dieses Zeichen, so heiter: Ein Hahn auf seinem Buch – und siehe da, unten am Marktplatz hat er ein Geschwister: hoch oben, auf dem Brunnen, hahnschön und heutig. Und sagte jetzt jemand dennoch: „Ach, des alte Zeug in die Kirchn!" Da lächeln beide Hähne: „Na, dann könntest du 90 % aus dem Gesangbuch in den Müll

werfen!" Da gackern die beiden Hähne, und drunten scharrt schon das „Schwarze Ross", auf dass die Leute zum Frühschoppen kommen und am besten gleich zum Mittageessen bleiben.

Vergnügen mit „Hausen"

Man könnte im Landkreis eine Woche lang zwischen AmmernDorf und ZautenDorf rund 40 „Dorf"-Orte aufsuchen – nur wegen der Wirtshäuser.
Oder all die SiedlungsStellen, die auf „Hof" enden: von BobelsHof bis WeiherHof, samt den Zierformen des „Hausens": mit SchwaigHausen, RiedelsHäuslein, LösleinsHäuslein und LenzenHaus …
Ach, dieses Hausen in „Hausen"! Vor Jahren machte ich mir mal den Spaß, aus den rund 55 HausenOrten in Deutschland nur die 11 „Hausen" in Franken aufzusuchen, für ein Radio-Hörspiel.
Auch unser BesonderLand hat, kurz vor Langenzenn, sein „Hausen", einen Weiler mit drei Gehöften, bei denen es in Urzeiten sogar mal einen „Burgstall" und eine „Kapelle" gegeben haben soll. In Hausen jedenfalls ist nach den Vorschriften des Straßenverkehrs „Weltende": Sackgasse!
Wer machte nicht bisweilen einen Luftsprung, wenn er ein halbwegs zerfallenes Gehöft in der Toskana auf-

spürt und meint, an einem Ort des Echten, des Ursprünglichen zu sein … Hier, in Hausen: das Ensemble der Gehöfte; die Symbiose von Arbeit und Leben; tätig und ungestört sein: Nichts weiter als AlltagsSchön, und gleich in der Nähe ein stattlicher Weiher.

Zugspritztour N° 3

Die „Zenngrundbahn" lässt den Zenngrund wie eine weite Mulde erscheinen – nirgendwo kann man über den Rand hinausschauen! Eine in sich geschlossene Welt.
Wie immer die Eisenbahn sich verändern wird: einen Vorzug hat sie stets – sie macht mit ihrer Trasse eine Art intimen Schnitt in die allernächste Landschaft, so dass schamlose Blicke alles sehen: Gärten, Pools, Gartengeschmack und Hausstile: von hier aus alles ganz nackt zu sehen.
Ziegelblöcke in Langenzenn; Kies zeigt, dass kein weiteres Gleis mehr nötig ist; an Hauswänden haben sich SprühSpraySchmierer ausgetobt – dafür in Hardhof ein versöhnliches Bild: auf einer adlergroßen Schwalbe reitet segelnd ein Mädchen.
Mais- und Getreidefelder. Ich versuche mir vorzustellen, auf welche Bilder sich der Fahrer des Triebwagenzuges freut, wenn er hier Tag für Tag vorbeifährt – und ob sie ihm etwas sagen, als Sinnbild, wie der Hochwassersteg

von Laubendorf her über den Zenngrund.

Wer in „Wilhermsdorf-Mitte" aussteigt
und zu „dance and music" will, also zu
„second sky" geht, der wird froh sein,
dass aus dem einstigen Schlossplatz
ein Parkplatz wurde, der prima passt
für die Kerwa. „Bei Hochwasser bitte
räumen", rät ein Schild. Wieder das
österreichische Prachtgelb der Kirchen-
fassade: als residierte hier noch immer
ein Fürst. Stattlich die beiden Birnen-
spaliere im „Rockelshof". Was wäre so
ein Ort ohne seine Vereine, in denen
Musik und Heimat „gepflegt" wird. Das
Birnenspalier – es ist so eine Pflege.
Wie gut schmeckt auf dem Marktplatz
jetzt ein Weizenbier – ich werde eine
Ansichtskarte schreiben und darauf
vermerken, dass man, wenn auch im
selben Mantel, hier 2 Lokalzeitungen
kaufen und lesen kann: was in
Puschendorf die „Nordbayerischen
Nachrichten" sind, das ist hier das
lokale 'Konkurrenzblatt' der „Fränkischen Landeszeitung" – gar nicht
schlecht, dieser Blick über den Zaun:
zum Nachbarn.

In Laubendorf eine dicht üppige Brom-
beerhecke, und plötzlich begreife ich:
„Dorf" heißt hier noch „zusammen-
sein" – denn „bloß nebeneinandersein,
wie in der Stadt, des wär doch nix!" Im
Gegensatz zu den „Siedlungen" haben
die Dorfkerne noch immer dieses wundersame Miteinander-Verwachsen.
Als ich an Laubendorf vorbeifuhr,

musste ich an den Maler Felix Müller
denken, von dem ich einen bezaubernden Bronzeguss von einem „Liebes-
paar" im Museum von Neunkirchen am
Brand gesehen habe.
Felix Müller (1904–1997) hatte während des Krieges einige Jahre Zuflucht
im kleinen Zennort Laubendorf gefunden. In einem Aquarell von 1939 leuchten, hinter einem Weiher, die ziegel-
glutroten Dächer von Laubendorf. Dazu
das Sonnengelb von blühender Iris –
und dann erleben, was dieser von Na-
zis als „entartet" diffamierte Künstler
an glühender Glaubenskraft dargestellt
hat! Schön ist auch, wenn an einem
sonnenhellen Ersten Mai der Pfarrer
von Laubendorf im beinah bischöfli-
chen Pfarrhof, gleich neben der stattlichen St. Georgs-Kirche, beim Grillen
als Wirt für Freunde erlebt werden

kann. Während so einem munteren
Beisammensein sind wir einmal auf
den Kirchturm hinaufgestiegen – um in
der höchsten Fensternische im Nest
der Turmfalken die weißwuschligen
Jungvögel zu betrachten: wie da jetzt
der zimthelle Altvogel anflog, im
gekrümmten Schnabel die Futtermaus
für vier Jungvögel – menschenscheu
und menschennah zugleich.

Der Charme von Wilhermsdorf

Wie war es doch vordem durch diesen
Ort zu fahren unbequem: Wurmkrie-
chender Verkehr, stockend, bergauf
Richtung Markt Erlbach gings nur keu-
chend, und dabei schienen alle Fahrzeuge längs der Hauptstraße sämtliche
Häuser einzurußen.
Das ist lange her; doch vor diesem
grauen Hintergrund, an den nur noch
vereinzelt etwas erinnert, ist diese
Hauptstadt eines fränkischen Klein-
staates in den letzten Jahren aufge-
blüht – wie ein Häusergarten. Farben
geben dem Ensemble des Ortsinneren
beinahe südländischen Zauber.
Das Warmgelb der anmutigen Kirchen-
fassade; Blautöne verbinden sich mit
anderen Farben zu einem Ganzen, in
dem jedes einzelne Gebäude als Indi-
viduum mitwirkt.
Wilhermsdorf ist ein Ort, in dem das
Zusammen von einst und jetzt zu einem

BauWohlklang geworden ist. Das Zweigeschossige Mansarddach-Rathaus mit seinen beiden Eckerkern, samt seinem barocken Festsaal, verbindet sich nahtlos mit dem NeuAnbau unserer Tage. Jeder Baubeitrag wertet wechselseitig die 'andere' Bauzeit auf.

Die Lage an drei Höhenrücken gab den Hausbauern eine Vorlage für Einfallsreichtum: Wie die DoppelFreitreppe zum Kirchenportal hinaufführt. Wie zwischen dem Kirchenschiff Treppengassen entstanden. Wie eine im rechten Winkel zur Hauptstraße stoßende Straße sich zum Marktplatz weitet. Wie in der Burg-Milchling-Straße die Häuser hangan Vortreppen haben, die das „hinab" auffangen, so dass auf der Straßenschräge eine Treppenbremse entsteht, die mich an die „Beischläge", die Vorhofplätze der stattlichen Häuser im Herzen von Danzig erinnern.

„Burg-Milchling": was für ein ulkiger Name, der an eine Milchkuh erinnert – aber in Wirklichkeit das seltsame Chamäleon „Geschichte" hervorzaubert. Bevor ich mich in den Ortsplan aus dem Jahr 1771 vertiefe, muss ich an einen ersten Besuch vor gut einem Vierteljahrhundert denken; damals stromerte ich über den Friedhof, dessen Friedhofskirche einst die Spitalkirche war. Ein Grabstein sprach mich mit zwei Ortsnamen jählings an: Stalingrad und Dien Bien Phu. Dort „fielen" zwei Brüder – der eine 1944, der andere 1954. Was für ein Aberwitz 'der' Geschichte! Es müssen wohl zwei Haudegenbrüder gewesen sein – der eine kam als deutscher Soldat in der Schlacht um Stalingrad ums Leben; der andere, offenbar davon nicht abgeschreckt, verdingte sich wohl als Söldner in der französischen Fremdenlegion

und fiel in der nicht minder fatalen Kesselschlacht um eine Festung in Vietnam, das seinerzeit zum französischen Indochina gehörte.

Wilhermsdorf war einmal eine Landeshauptstadt – auch wenn der Herrschaftsbereich „Derer von Wilhermsdorf" eine Miniatur war, verfügte die „Herrschaft" Wilhermsdorf doch über Macht und Geld, und also auch über Baukraft. Die einstige Residenz, eine Veste als Wasserschloss, im Süden vor der Kirche angelegt, samt Hofgarten, war eine „Burg", die einst, anno 1566, ein gewisser Heinrich Hermann Schutz bar gekauft hat – genannt „Milchling"; daraus wurde „Burg Milchling" – bis 1656 gab es das Geschlecht der „Burgmilchlinge".

Vorbei, Vorbei! Aber die nach Westen zu ansteigende Hauptstraße ist nach wie vor die Seelenachse des Ortes, der sich die eigenständigen Giebelfassaden der meist zweigeschossigen Giebelhäuser zuwenden.

Nicht minder eigenwillig sind die Mansarddachhäuser rund um die Kirche. Geschichte – Geberin und Nehmerin. Eingegangen ist das „Brauhaus"; doch in seinen wieder hergerichteten Gebäuden wird mit „Zum Brauhaus" an die einstige Braustätte erinnert. Die „KronenLichtspiele" gibt es leider als Kino nicht mehr.

Dafür haben sich zwischen Häusern einige seltsame Bögen erhalten, die mit ihrem Schwung an Schwibbögen

erinnern oder an manchen „Sotto-
porteggio" Venedigs; es sind korb-
bogige Hofeinfahrten – mit einem
minirockartigen Ziegeldach überm
Holzbogen. Wie wohltuend frisch
jetzt sich am Rathaus Gelb und
Weiß und Grau machen, ebenso
das Metallsilber am Vorbau der
Bücherei.
Und dazu der Charme der Giebel-
parade – bis hin zu jenem charman-
ten Haus, das an das Wappen der
„Edlen von Wilhermsdorf" erinnert,
mit dem Bekenntnisspruch „SOLI
DEO GLORIA" aus dem Jahr 1736.
Auf dem Schlenderweg immer wieder das „Jubilate" der Geschäfte – mit
dem Mut des sich Behauptens. Ab und
an die Wermutstropfen aufgegebener
Gehäuse: es dauerte mich das ausge-
blasste Blau von Georg Redlingshöfer;
aber zugleich ertappte ich mich dabei,
wie wir in Italien solches Vergehen als
„atmosphärisch sehr schön" hinnehmen. Wohltuend frisch mutet gleich
danach das Neugesicht einer
Metzgerei an – an einem Brücklein
über den Ulsenbach.
Eine besondere Besonderheit ist der
1884 gegründete „Creditverein Wilhermsdorf": Eine standfeste ‘Klein-
bank', seit 1889 in eine „AG" umgewandelt mit derzeit 872 Aktionären
und 31 Mitarbeitern. Der einstige „Vor-
schussverein", nun eine selbständige
regionale Privatbank, konnte, dank
„gesundem Wachstum", anno 2005

einen Bilanzgewinn von 139 105 Euro
als Dividende ausschütten. Eine wundersame ‘Bankflotte', die mit dem
Hauptschiff in Wilhermsdorf und 2
NiederlassungsFregatten in Cadolzburg
und Langenzenn seetüchtig bleibt.
Als 1961 der Grundstein zur katholischen Kirche gelegt worden ist, muss
sich der Architekt höchst einfühlsame
Gedanken gemacht haben, auf dass
zur barocken evangelisch-lutherischen
Pfarrkirche St. Marien und Martin
keine Baukonkurrenz entstand, sondern ein Pendant aus unserer Zeit.
Und so erhebt sich St. Michael als
ganz schlichtes Gebäude, unter dessen
Turm man wie durch ein Stadttor hin-
ein- und hinaufgeht. Auf dem Weg
dorthin lachte mein Herz: ich hörte
Hühner und Hähne, und im unschein-
baren aber klaren Ulsenbach schwam-

men Fische. Allerdings passierte ich
auch den Wermutstropfen des geschlossen Gasthauses „zum Grund".
Der Bachgrund freilich hat nach wie vor
seinen Charme – mit Fachwerkgebäu-
den und der einstigen Dorfmühle.
Nach der Turmpassage staunte ich
über die Lichtstaumauer hinter dem
Altar: Das Glasfenster lässt das Kreuz
als leuchtendes Gelb austrahlen – inmitten von starkem Blau und Rot. Auch
beeindruckte mich der reliefartige
Kreuzweg, denn alle seine Gestalten
aus Holz sind monochrom verschieden
bemalt. Diese Bilder lassen sich auch
als Brücke des Verstehens ‘nach Osten'
begreifen, denn zur hiesigen katholischen Gemeinde gehört ja auch die
gute Mitgift der sudetendeutschen
Landsmannschaft. Die ‘Stärke' so eines
Ortes zeichnet sich auch durch sein

„zugleich" aus: da gibt es ein ganz modernes Autohaus – und eine 'uralte' Fachwerkecke wirkt dabei gar nicht störend. Dieses „Zeit-Zusammen" macht auch Wilhermsdorfs Charme aus, wenn man am Marktplatz die Wirtshausvorgärten schon vormittags im Sommer belebt erlebt und alsdann durch einen Torbogen hindurchgeht, wo ein Hinterhof als Biergarten bezaubernde Dachlandschaftsblicke ermöglicht. Gut gefiel mir auch die Verwendung des Schmiedeeisens an einem doppelten Treppenaufgang. Die Schätze der stattlichen Kirche: Beim nächsten Mal! Wenn ich wieder über die Zennbrücke bei Heinersdorf fahre, schmunzle ich jedesmal über das militärische Hinweisschild: dass bis zu einem gewissen Höchstgewicht Panzer nur „im Alleingang" über die Brücke fahren dürfen. „Im Alleingang" lässt sich manches am besten erkunden.

Schilfsandstein – Jüdische Mitgift bei Wilhermsdorf

Dem Andenken an Manès Sperber

SCHÖN wie selten schmückte Schnee die Steine. Jeder Mensch hat seine Toten. Die Erinnerung an sie wird sich immer wieder neu verfärben: Jeder musste durch das Tor des Todes gehen, sterbend ganz allein. In dem Leib der Erde Totenstarre, doch darüber Zeichen – so verschieden überall; hier jedoch so geheimnisvoll einander ähnlich, niemals aber mit dem Schmuck der Blumen wie bei uns. Unterm Schneeweiß dieses WundWort „Jude". Während meines einjährigen Schulbesuchs in Fürth, brachte uns zwei Katholischen der evangelische Pfarrer die Grundbegriffe des Hebräischen bei: von rechts nach links schreibend, kein Buchstabe mit dem anderen verbunden; für die Vokale nur Punkte oder Striche. Tag-und-NachtUnterschied zwischen zwei Sprachwelten. In dieser Schrift war unser Altes Testament geschrieben.

Oh hätte ich doch damals mehr Hebräisch gelernt! Unser Wort „Alfabet" stammt von dort: Mit „Aleph" und „Bet" beginnen deren 22 Buchstaben, von denen ein jeder ein „Laut-Wesen" ist. Das „A" bedeutet zugleich die „ewige Kraft" und ist als „Laut" Ausdruck von Verwunderung und Verehrung. Wie staunte ich seinerzeit, dass

„unser" Kirchenwort „Hallelu-Jah" hebräisch bedeutet „lobet Gott". Gerne gehe ich auf jüdische Friedhöfe, die wir doch gefälligst „israelitische" nennen sollten. Wann endlich stellt sich nach aller Mordschuld wieder Unbefangenheit ein, um das Wort „Jude" als freier Mensch auszusprechen?

Gerne gehe ich durch jüdische Friedhöfe: Das Steingewirr in Prag, das Wildschöne auf dem Lido von Venedig. Oh, diese geschändete Steinwildnis im Alten Judenfriedhof von Berlin! Dazu die SteinOase am Rand der Altstadt von Fürth – und dann diese Steinherden in Franken, immer weit draußen, wie verbannt von den Christendörfern: wie bei Wilhermsdorf, nahe beim Gehöft Lenzenhaus mit seinem großen Weiher.

Ende der 70er Jahre war ich zum ersten Mal hier: Ich sah das Schmucklose und zugleich Schöne der Steine – wenn sie zwei segnende Hände vorweisen.

Das SteinTrockene sagt, dass nach der Zeit der Trauer der Trauer genug sei, denn fortan sei jeder Verstorbene ja bei Gott. Oh diese Zuversicht der Psalmen, der Weisheit aus dem Buch „Jesus Sirach" und Hijobs Hadern mit Gott!

Viel strengere Vorschriften bei Juden als bei uns! Sein Haupt habe der Mensch vor Gott zu bedecken, so er einen heiligen Ort betritt.

Die alten Steine dieses Friedhofs bei Wilhermsdorf, längst wohl behütet, lassen sich teilweise entziffern. Wer den Schlüssel der jüdischen Zeitrechnung kennt, vermag das Alter der Steine zu lesen. Über Brauchtum und Geschichte gibt es reichlich zu lesen. Mich berührte das der Witterung Überlassene und ich staunte, wie ab einer bestimmten Zeit sich hier bei uns lebende Juden auch durch die offenkundige Übernahme christlicher Grabformen „assimilierten".

Auf einem dieser Steine las ich über einen 72-Jährigen: „Der Vater endete 1944 in Auschwitz".

Anno 1981 hat mich der Maler Manfred Daut vor diesen Steinen porträtiert: „Poet Schramm", und der wusste damals noch nicht, dass er auch hier eine Kopfbedeckung zu tragen hätte.

1977 begegnete ich in Klagenfurt Manès Sperber, dem 1905 in einem galizisch-jüdischen „Shtetl", in Zablotow, geborenen Schriftsteller, der in Paris schrieb: „Ich bin ein europäischer Jude, der jeden Augenblick dessen bewusst bleibt, ein Überlebender zu sein, und der nie die Jahre vergisst, in denen ein Jude zu sein ein todeswürdiges Verbrechen gewesen ist." (In: „Churban oder Die unfassbare Gewißheit", 1979).

Manès Sperber, dessen sich „stets verjüngende Freundschaft" mich bis zu seinem Tode 1984 väterlich begleitete – ihm verdanke ich sehr viel: Der Frie-

denspreisträger des Deutschen Buchhandels (1983) hat uns immer ermutigt, ein „freier Mensch" zu werden – in der Hoffnung auf eine „Gemeinschaft", in der „niemand ein Objekt der anderen ist, sondern stets der Gefährte aller bleibt." Er bekannte sich zu der „fordernden Gewissheit", dass „diese Welt nicht bleiben kann, wie sie ist."

Manès Sperber sprang selbst über den Schatten der lastenden Vergangenheit, die ein Jude mit dem Namen „Nürnberg" verbinden muss – und er kam zu Lesungen in unsere Stadt. Immer wieder forderte er dazu auf, „das als gewiss Dargelegte in Frage zu stellen". Er lebte beispielhaft vor, wie man „zu allen Generationen" gute „Beziehungen" haben kann. Seine „Ablehnung des Endgültigen" bestärkt mich

noch heute. Auch wusste er, dass man einen Menschen – ganz im Sinne der Psalmen – nie „für immer" an die Fußfessel der Schuld ketten darf.

Er gestand freimütig, dass er – „nicht religiös und nicht ein Israeli" – deshalb ein Jude sei, „weil ich in meiner Kindheit von einer alles umfassenden, alles durchdringenden jüdischen Erziehung geformt worden bin."

Hier wäre der rechte Ort für junge Menschen, um einmal dem Werk von Manès Sperber zu begegnen. Wenn wir die von ihm geglaubte „Wahrheit der Bibel" verstehen – „Vor Gott sind alle Menschen gleich" –, dann leuchtet uns auch dieser Unter-schied zwischen Juden und Christen ein: „Wir brauchen keine Priester, denn der Kontakt zwischen jedem Menschen und Gott ist direkt."

Dieser Friedhof von Wilhermsdorf, ein letztes Zeugnis höchst vielfältiger jüdischer Gegenwart in unserem Land, ist auch ein Ort der Begegnung mit dem Werk Jakob Wassermanns.

Er mochte unsere Landschaft „von zarter Linienführung, mit Wäldern" und er gestand einmal: „Die Juden, die Deutschen, diese Trennung der Begriffe wollte mir nicht in den Sinn, nicht aus dem Sinn ..." Er wusste, dass es „solche und solche Juden" gibt, weshalb ihm alle „Gesamturteile" als „schief" vorkamen.

Der jüdische Friedhof bei Wilhermsdorf ist mit all seiner Bescheidenheit und mit seinem oasenhaften Zauber ein idealer Ort, um sich bewusst zu machen, was es für wundersame Querverbindungen und wechselseitige Bereicherungen gegeben hat zwischen Juden und Deutschen. Die „Jüdische Buchhandlung" im Fürther Museum hält dafür überraschende, ja verblüffende Schätze bereit. Dieser Friedhof bleibt uns als jüdische Gegenwart.

Schmuckstück Langenzenn

WENN im Zenngrund Herbstwetter die Orte einnebelt: wie da manchmal als einziges der schön geschweifte, ziegelgedeckte Turmhelm der Kirche von Langenzenn wie ein Leuchtturm unverkennbar bleibt. Links und rechts der autobahnähnlichen B 8, im Südwesten

des Ortes, das Hellklare, das Effiziente der Bauwerke von Gewerbegebieten; ihre Großräumigkeit, ihre suggestive Entschiedenheit: dass es nur so, und nicht in altem Gemäuer, erfolgreich weitergehen kann. Also eine Stadt als Beispiel dafür, dass die „Balance" immerzu etwas Fließendes ist – wie die Zenn.

Es ergab sich, dass französischer Besuch da war, aus dem Limousin: genauer: aus Steins Partnerstadt Guéret. Wir waren einander begegnet im stattlichen Rathaus seiner Stadt; er ist Musiker, und wir sprachen, angesichts von gewebten Teppichen aus Aubuisson, über das 'Miteinander-Verweben' von Deutschem und Französischem – vor dem Hintergrund, dass allein schon die beiden Sprachwelten so etwas Grundverschiedenes seien, so dass gerade dadurch eine Beziehung möglich werde, weil ja nur 'ganz andere' sich aufeinander einlassen können. An der stattlichen Akazie beim Friedhofsportal begannen wir unseren Gang durch die mehr als tausendjährige Stadt.

Jean-Claude schmunzelte, als wir beim Hereinfahren als erstes Gasthaus ein thailändisches sahen: „Mit der Globalisierung seid ihr Allemands schneller als wir! Aber ich wette, eine Creperie wird's hier noch nicht geben!" Und schon wirkte er heiter, als er vor einem der Lebensmittel-Supermärkte als Sonderangebot eine

Kiste hübschgelber kleiner französischer Apfel sah. Und wie wir dann an einem Steg über die Zenn einen Mann Kastanien aufklauben sahen, sagte er: „So muss man's machen: wer eine Stadt mit den Augen erobern will, soll sich die am schönsten glänzenden Kastanien aufheben, aber er sollte sie aus den Stachelschalen herausholen!" Unversehens waren wir zu dem Weg am Zennufer gelangt, der mit seinen hübschen Gärten die Stadtmauer begleitet – jene Mauer, der alle 'Backenzähne' von vier Tortürmen längst herausgebrochen sind, so dass ein aus Nürnberg-Fürth oder von Würzburg herkommender Besuch sich gar nicht vorstellen kann, dass Langenzenn einmal eine richtige Stadtmauer-Stadt gewesen ist,

Jean-Claude hatte gestrahlt, als er in einer Reinigung altertümlich anmutende Geräte sah: „Wie schön, wenn man noch einen Menschen wirklich arbeiten sieht! Das ist wie bei einem Schmied oder bei Handwerkern."

Der Weg längs der Zenn, an Bäumen und Gärten vorbei, gefiel uns; wo ein Mauerdurchlass ist, mit kurzem Hinweis auf die Baugeschichte, spitzten wir ins Ortsinnere – und ich erwähnte, dass dieses einst zu 'Südwest-Preußen' gehörende Land, also zum 'Brandenburgischen Unterland' von 'Bayreuth-Ansbach', ein großes Hopfenland gewesen ist: mit 1700 Hopfenstangen pro Tagwerk, und dass es da als An-

baufläche mehr als 500 Tagwerk gegeben habe... „Ganz schön viel von la bière", sagte Jean-Claude, „wir haben ja voller Respekt euer Wort ‚Bier' in unsere Sprache übernommen."
Wir schlenderten den schönen Wasserweg entlang. Ich musste an das Wort „LandMetzger" denken, stellte mir den königlichen Besuch in der einstigen Seidenbandfabrik vor, anno 1804, im heutigen „Deutschen Haus" – und da klatschte Jean-Claude in die Hände: „Ich habe paar alte Fotografien gesehen – alles ganz nett, aber jetzt, auch wenn nicht mehr als echte Mühle: als Ensemble ist diese bald sanierte ‚Neumühle' doch ein köstliches Schmuckstück! Ah, ich finde das wunderbar, wenn man so nutzen kann eine Mitgift, die im ursprünglichen Sinne eben nicht mehr zu nutzen ist."
Wir schauten in das wie neu wirkende Ensemble, und in einem weiten einstigen ‚Mühlsaal' sagte Jean-Claude: „Ist das nicht schönes Symbol? Schau: der Riesenbalken mit der Stütze von zwei Säulen – die eine bestimmt original uralt, die andere neu nachgemacht: ein tragefähiges Duett!"
Draußen war das Bett des Mühlbaches neu hergerichtet: „Am alten Wehr haben ureinst hier die Kinder gebadet!" So waren wir also durch die Förster-Allee gegangen; wir liefen weiter, um über die „Schollerwiese" erst richtig stadteinwärts zu gehen. Der Besuch schaute auf die Farbbänder der Lehr-

bergschichten; er sah über einem ‚Markt' ein griechisches Lokal und dann verguckte er sich in ein Geschäft mit Antikmöbeln; er wunderte sich, dass die „Alte Post" ein „Jugendhaus" sei und war verdutzt über das Idyll der „Türkengasse". Noch mehr staunte er, als wir in den Innenhof des Spitals gingen: dass dieses „Hospital" aus dem Jahr 1536 stammt, hätte er nicht gedacht. Ihm gefiel dieser ‚Neunutz' mit Arztpraxen und Seniorenwohnun-gen, und ich erwähnte beiläufig, dass auch solche Neugewinnungen nicht auf immer ‚sicher' seien; nicht wenige Langenzenner seien gegen eine „Fremdnutzung des Alten Spitals" und damit auch gegen eine „Auflösung des Seniorenheims".
Nun gingen wir durch die Rosenstra-ße, und wie Jean-Claude im ‚Hinter-hof' der Storchen-Apotheke die beiden FachwerkAlkoven sah, da sagte er: „Das ist genauso hübsch und zierlich wie da und dort in Limoges!"

Wir stärkten uns in einer Metzgerei mit „Läbärkääs", wie Jean-Claude sagte, gingen auf den Marktplatz zu, und wie ich angesichts eines Hauses aus dem Jahre 1721, samt der In-schrift „Soli Deo Gloria", schon das Wort „Schandfleck" auf der Zunge hatte, sagte er: „Es kann nicht alles auf einen Schlag neu werden! Lass nur! Hier, das wird ja ganz zauberhaft mit dieser Apotheke, dem Platz und dem dahinter ... Mon dieu, das kleine Häuslein dort sieht ja aus wie ein Boot auf einem Steinfundament ..." Er mein-te das Heimatmuseum, an dem leider kein Schild über die Öffnungszeiten war. Da kam uns der Bürgermeister entgegen; ich erwähnte, dass er schon seit 1978 im Amt sei, und dem Bürger-meister stellte ich den Gast aus Frank-reich vor, worauf jener spornstreichs ihn singend begrüßte mit „Sur le pont d'Avignon" und als nun die Turmglocke schlug, sang er gleich noch „Frère Jacques, dormez-vous" ... Der Besuch

lachte vergnügt und sagte: „Bonjour Monsleur le Maire! Ich freue mich sehr, dass es in einigen fränkischen Orten noch immer die Monarchie gibt. Sie sind also eigentlich 'Le Roi de Langenzenn' …" Jetzt gingen wir durch eine schmale Gasse und plötzlich tat sich das stille Geviert des Kreuzgangs auf, an dessen einer Seite sich das imponierende Gebäude des Klosterkonvents der einstigen Augustiner Chorherren erhob. Jean-Claude wurde ganz still. Er schnupperte an einem Rosenstock und ganz nebenbei erwähnte ich, dass dieser Klosterhof auch einmal zu einem Kasernenhof gedemütigt worden ist, aber nun blühe er allsommerlich auf während der „Klosterhofspiele", so dass Langenzenn für eine Weile ein richtiger Festspielort sei. Im Chorraum der einstigen Marienkirche stutzte Jean-Claude, als er das Ungetüm des Freskos sah: „So ein Riese von Christopherus kann, wenn man glaubt, die Welt tragen!" Und noch einmal schaute er ganz verzückt, als er den Christopherus in der Mitte eines Altarschreines erblickte. Auch die „Rosengrotte" mit der Ölbergszene berührte ihn: „Schau, Er betet, und die drei anderen sind über ihren Büchern eingeschlafen! Oh, wir Schlafmützen von Männern!" Und mit einem Mal lachte er: „Sowas hab ich auch noch

nie gesehen: ein ganzer Altar für die 'Heilige Sippe'! Die 'Sippschaft' klingt doch im Deutschen ein bisschen nicht ganz gut, nicht wahr …"
Als wir eine Weile im Klosterhof beisammensaßen, erwähnte ich einiges aus der Geschichte: Dass da in der 'braunen' Zeit jemand einen anderen denunziert hatte und wie der die Folgen seiner JudasTat einsah, hat er sich umgebracht. Im Jahr 1940 wurde das „unsittliche Betragen" von Frauen gegenüber einquartierten Soldaten gerügt; einmal sei eine Frau wegen ihres „ehebrecherischen Verhältnisses zu einem französischen Kriegsgefangenen" bestraft worden. Zudem sei während der Kriegszeit das tägliche „Choralblasen" eingestellt worden; auch hier habe es so ein 'Lager' gegeben … Wie wir draußen dann an dem neuen Brunnen mit der Maria in der Mandorla standen, sagte er. „Schade, dass wir um einen Tag zu spät gekommen sind für das Konzert … Aber, ich werde einmal ein Stück schreiben, mit Musik für

die Stadtkapelle – ein Stück, in dem jemand über die eigenartigen Stationen einer Stadtgeschichte staunt – und wie wir immer wieder, trotz aller Lehren 'der Geschichte', in neue Fallen tappen.
In der Klosterschänke kehrten wir ein. „Diese Stadt ist ein Schmuckstück", sagte Jean-Claude. Und er fügte hinzu: „Vielleicht sollte ich den 'Schulmeister', einen Roman aus dem Limousin, von Daniel Borzeix, dramatisieren und dazu eine deutsche Parallele erfinden – vor dem Hintergrund von Langenzenn. Als wir in dem bezaubernden Kloster waren, musste ich an einen Satz von Ernst Jünger denken, den er in Venedig schrieb, nachdem er auch so einen 'Winkel' gefunden hatte: 'Die Zeit konnte ihm nichts anhaben, hat nur ein wenig daran genagt' …"
Da sagte ich: „Ja, dieses Weitergehen … Schau: die neugebaute Katholische Kirche – die trägt den Namen der seit 1533 evangelischen Klosterkirche weiter und heißt Marienkirche."

Goldgrubenerde

ZWISCHENDURCH auf die Hausdächer schauen: wie stimmig oder störend können Dachziegel wirken – diese wasserdichten Kopftücher unserer Häuser, diese Wind- und WetterTrotzer. Eine ihrer zeitlosen Formen heißt, naturhübsch, „Biberschwanz". Den gibt's als 'Rund'- und 'Gerad-Schnitt', auch im 'SegmentSchnitt' ist er zu haben, ebenso 'gotisch-spitz'. Obendrein die Farb- und Formvarianten der diversen „Pfannen" – mit einer zusätzlichen Schicht 'Engobe' verstärkt werden sie noch haltbarer. Eigentlich wären Ziegel der Rede kaum wert, gäben sie nicht plötzlich Einblick in die Dynamik der Wirtschaft – schließlich gehören sie zur „Kunst aller Künste", wie Erhart Kästner einst in Griechenland entdeckte: um „diese Welt zu bewohnen". In Langenzenn wurde mir, erschrocken erstaunt, bewusst, was für eine rasante Veränderung auch hierzulande im Gange ist: Noch gar nicht so arg lang her, da gab's in Deutschland an die 3 500 Ziegeleien; derzeit sind's nur noch 11 Betriebe, und so ein Selbständiger unter ihnen arbeitet in Langenzenn.

Wenn sich heute ein 1957 in Altenberg Geborener gerne an die „Lahmagruben" seiner Kindheit erinnert, tauchen die 'Reiche' seiner lokalen Kinderschar auf – Welten lagen seinerzeit zwischen Leichendorf und der Linder Siedlung. Können wir uns überhaupt noch vorstellen, dass ureinst jedes Dorf, wo Keuperton vorkam, seine Ziegelei hatte?

Dieser angeschwemmte Urstoff, mal mit mehr Eisen oder Kalk, mal mit weniger – noch immer taugt er, um gebrannt als Mauer- oder SchornStein ein Haus erst zu ermöglichen. Und

dann die Dachziegel, wenn sie mit ihrer Patina erst einem Haus Gesicht und Gestalt geben. Dazu die wundersame Fülle von Dachformen ... „Dachkunden", so vernahm ich von Horst Walther, seien „sehr konservativ" – sie zögen Bewährtes vor, auch wenn zur vertrauten Dachziegel längst „SolarDurchlassZiegel" gekommen sind, samt „ÜberdachEntlüfter" und „Schneefanggitter".Dazu all die Zubehörziegel für Firste ...

Die „Walther-Dachziegel-GmbH" hat in der Lohmühle von Langenzenn den nötigen Rohstoff direkt vor der Haustür: in zwei bis drei Meter mächtigen Schichten wartet der künftige Ziegelton; der verfügbare Abbaustoff reicht noch für gut 80 Jahre. Doch auch ein sich haltender Familienbetrieb steht unter dem 'Zwang zur Größe': 'der' Markt will immerzu 'bereinigen', also übernehmen, was dem scharfen Wettbewerb nicht standhalten kann.

20 Millionen, die Umsatzzahl eines Jahres ist gut vorstellbar – aber 50 Millionen Ziegel? Jedenfalls stellt dieser Betrieb pro Tag soviele Ziegel her, daß man damit 40 Einfamilienhäuser auf einmal decken könnte. Jeden Tag einen Balançeakt zwischen Nachfrage, Produktiviät, nötigen Neuerungen und Absatz vollführen: müssen solche Unternehmen nicht zugleich Hochseilartisten sein? Immerzu rechnen, denn es muss sich ja rechnen, wenn in so einem Unternehmen 145

Menschen tätig sind – 105 in der Produktion, von denen viele 'angelernte' ehemalige Landwirte sind; und die anderen im Verkauf. 145 Arbeitsplätze, auf sicherem Erdgrund: eine gewichtige Größenordnung in der Region.

In der Zeit der Goldgräberei bürgerte sich für ein sehr einträgliches Geschäft das Wort von der 'Goldgrube' ein. Dieses Sinnbild meint eine ziemlich unerschöpfliche Quelle des Reichtums. Jedenfalls gibt es sie noch, die 'Grube' für den lohnenden Abbau nützlicher Erde, die alsdann verwandelt an 'Goldgrubenerde' erinnert, zumal vom Gewinn auch örtliche Kindergärten etwas haben. Darüber hinaus wird hier auch für die Sehnsucht des Menschen nach einem sicheren Dach überm Kopf gearbeitet.

Denke ich bewusst an die Dachziegel aus Langenzenn, freut mich jeder Hausneubau. Zugleich wird UnternehmerMut anschaulich – er muss was vom Waghalsigen haben, von dem auch Dachdecker ein Lied singen können. Wenn du auf einem Dach glasierte Ziegel glänzen siehst, hast du nicht nur verwandelte 'GoldgrubenErde' vor Augen, sondern auch etwas gut 'BeDachtes', das mit seinem 'VielKleinMuster' eine 'GroßDachFläche' augenerträglich macht. Möglicherweise stammen sie ja aus heimischer Nähe, eben aus Langenzenn: lokaler Urstoff – fast wie bei unseren Karpfen oder beim Bier aus Ammerndorf.

Blätternd lesend

AUFSTÖBERN, überblättern; etwas spricht an: das möchtest du eigenäugig sehen! Die Schnitzfiguren „Mann und Frau" an der Ammerndorfer Mühle. Wieviel liebevolle Mühe steckt in Michael Kroners Buch „Ammerndorf. Geschichte einer Marktgemeinde an der Bibert". All die Dokumente studieren, exzerpieren, überprüfen ...

„Ortsbild im Wandel": ein unerschöpfliches Thema. Vom abgeschlossen wirkenden Haufendorf von anno 1920 zum Anhängsel des Neubaugebiets „Pelzetleite". Dörfliche Quantensprünge, könnte man sagen.

Schmerzstiche: Wie zugeschmiert wirkte ein Haus mit seinem unterm Verputz verschwundenen Fachwerk – und wie neuecht jetzt mit dem wieder freigelegten.

Wermutsbitter: jedes „abgetragene" Haus.

Die Gruppenfotos von Posaunenchor, Abholung der ersten Schützenkönigin, Sängerkreis und Freiwillige Feuerwehr: „Der war ich! Kennst den noch?"

Verschwundene Häuser lassen sich vielleicht verschmerzen, aber öd wär der Ort, gäb's das Aufstellen des Kirchweihbaums nicht mehr oder die Tanzgruppe des Heimatvereins. Wer wann der wievielte Kassier war; ist sieben Dörfer weiter schon nicht mehr von Belang – aber das eindringlich Ganze des „Kanzelaltars": Dieser Dreiklang aus Altartisch, Verkündigungskanzel und darüber der barocke Orgelprospekt. Dazu die ganz andere Form der Aussegnungshalle, der Dorfweiher, das entzückende Fachwerk eines Wirtshauses und die Helmhaube des Kirchturms.

Mit dem Fahrrad auf den Spuren der „Bibert-Bahn"

Das Fahrrad bei Großhabersdorf ausladen. Daran denken, als 1964, bei der Feier „50 Jahre Bibertbahn", die Deutsche Bundesbahn noch mit dem Slogan warb: „stets auf das Gemeinwohl bedacht". Sich in den Sattel schwingen und sich vorstellen, wieviel Anläufe gemacht wurden: „Alleruntertänigste Anträge" an „Seine Majestät den König" gerichtet wurden, bis Er geruhte, den Bau anno 1914 zu „verfügen" – und all der Streit, wer wo und wer nicht einen Bahnhof an der „Lokalbahn" bekam. Ursprünglich hätte sie von Cadolzburg hierherführen sollen: die Bibertbahn, die einst bis Unternbibert reichte. Längst vorbei – das 'Gemeinwohl' ist so gut selbst motorisiert, und bei vorausberechenbarer Unrentabilität glauben nur noch 'Romantiker' an eine 'Revivel-Bibert-

Bahn' – na, und auf dem einstigen Bahndamm der Fahrradweg: der tut's doch auch für Landschaftsfreunde ... Losradeln, in Flussrichtung; dieses Näherdran an Feldern. Zwei Mühlen, die eine am drübigen Ufer, muten wie Bastionen an. Von einem Feld erntet jemand gelb- und orange-kuglige Kürbisse. Wie breit die in Ruhe gelassene Bibert doch ist – im muldensanften Tal. Es ist, als ob du wie ein Zaungast in jeden der Gärten schauen dürftest – und in Vincenzenbronn, liebe Farbensammlerin, dieser Akkord: Knallblau, Hellgrün, und zwischen beiden Neuhäusern das Efeubrustgrün eines Althauses, satelittenschüsselgeschmückt; der Kirchturm dahinter. Die Häuser hier, sind sie nicht lauter „BehaglichMacher" im Land?

Vorbei aller Streit um die einstige Streckenführung der Bibertbahn, die Wahl der Schienenprofile – als da eine schnuckelige „Tenderlokomotive" Nº 4522 schnuffelte, und die Fahrt in Zug-Nr. 168 von Stein bis Großhabersdorf anno 1914 ein knappes Stündlein dauerte.

Radeln in der Talwanne: Was für ein schönes Birnenspalier! „Unser Dorf soll schöner werden" – heißt's an einem Gedenkstein, und nichts ist dagegen einzuwenden; aber der Unterton im nächsten Satz: „Unser Dorf hat Zukunft" – klingt er nicht wie Pfeifen im Wald? Aber Ammerndorf ist ein schöner Ort. Schon das unverwechselbare

Plakat, das auf den „Herbstmarkt" hinweist – wäre das nicht ein Modell für jeden Ort?

Unter Stromleitungen hindurchradeln: Was das gekostet hat! Und bis es sich rentiert, muss schon aufs Neue gespart werden – es gibt scheinbar kein 'umsonst'. Und schon bist du im Herz-MittePlatz von Ammerndorf, an der Bushaltestelle; ein Bierfass erinnert überm Tor an die Brauerei. Ein „Biergärtla" lockt – solltest du jetzt nicht das Angebot „Zimmer frei" wahrnehmen? In einem Haus, 1608 erbaut: „Zur Sonne – zur Freiheit" – gibt's da nicht einen Zusammenhang?

Als der Bibertgrund „den Anschluss an das Bahnnetz" gefunden hatte: noch immer erinnert mitten in Ammerndorf eine Gedenksäule an Friedrich Gruber, den „Eisenbahnpfarrer". Wie seltsam köstlich, wenn man sich's heute vorsagt, wie damals dieser 'Anschluss' begrüßt wurde: „Sei uns gegrüßt, Bahnbrecher der Kultur! / Wir sind beglückt, dass Deine Eisenspur / Zuerst zu uns Dich hat geführt. / Du sollst das Tal der Bibert uns erschließen. / Dass Glück und Heil aus Deinen Fahrten sprießen ..." So wurde in Zirndorf am 22. Mai 1914 der erste Zug begrüßt. Auf seinem Bahndamm verläuft jetzt

einladend und unbehelligt der Fahrradweg.

Zwischen Hornsegen und Großhabersdorf hängen an gerippten Schirmen ein paar Gleitsegler – ziemlich breit und still zugleich die Bibert an Bronnen- und Friedrichsmühle: sich halten und sich umstellen zugleich – ein seltsamer Akkord, in einer Landschaft, die, so fahrradnah, nicht nur schutzwürdig, sondern auch verehrungswürdig erscheint.

St. Vincenz – mit Fingerhut

FINGERZEIG eines Turmes, seinen Ort überragend. Gut gewählter Platz, zum Hinaufgehen einladend. Wieder so ein mit Mauer umfriedeter Bereich. Zwei Zeiten miteinander verbunden: Der Turm aus der Fernzeit, spätes 13. Jahrhundert – daneben, ganz anders in seiner schlichten Pracht: das Schiff einer echten „Markgrafenkirche". Seltsamer Zeitsprung: Geweiht ist sie dem aus Spanien stammenden „Erzmärtyrer" Vincentius, der umkam während der „grausamen Christenverfolgungen" im Jahre 304, unter dem römischen Kaiser Diokletian. Unvorstellbar, jetzt – heute, in einer Zeit der Austrocknung und Ausdünnung christlicher Moral. Gleichwohl wirbt ein Plakat mutig: „Farbe bekennen"! Es ermuntert zur Unterstützung der Verbindung zwischen dem Dekanat Fürth und einer Gemeinde in Tansania. Wo liegt das in Afrika? Ach ja, Ostafrika …

Dar'es'salam … Ich muss an ein Buch aus den Beständen meines Vaters denken: „Heia Safari! Deutschlands Kampf um Ostafrika", von General von Lettow-Vorbeck. Finstere Fernzeit: dieses seltsame Gespinst verschiedener Zeiten …

Ich gehe herum, ich gehe hinter den Kirchhof, ich höre das lebendige Leben aus den umliegenden Gehöften – und da, dieser Garten, mit seinen schon fruchttragenden zahlreichen Beerensträuchern. Das ist ein Bild, in wundersam violettroten und gelblichweißen Farben: zwischen den Sträuchern die hohen Stängel, daran die Rispenglocken vom aufgeblühten Fingerhut: Ein

Farbfeuerwerk, das mich an die Waldränder von Burgund erinnert. Ein Ehrensalut in leuchtenden Farben – für St. Vincenz im Hintergrund, dessen helle Glocke jetzt schlägt: ZeitZeichen – mit seinem beruhigenden „immerzu" und „immerda".

Unter einem Nussbaum

Vor einem langgestreckten Bauernhof-Wohnhaus in Vincenzenbronn, unterm

Schirm der Nussbaumkrone, sitzt am späten Nachmittag an drei Tischen eine kleine Geburtstagsgesellschaft: heiter bei Kaffee und Kuchen.

An der gegenüberliegenden Hofseite die Gebäude vom einstigen Saustall, anschliessend das vorspringende Dach der typisch fränkischen Holzlege.

Nach hinten zu steigt der Hofgrund an. Der neue große Stall: Rund 160 „Stück Vieh" hat der Hof. Was hätte der Schwiegervater, der „Dichter und Bauer", zu dieser Größe gesagt, die heute unabdingbar lebensnotwendig ist? Wär ihm schwindlig geworden bei

dem „High-Tech" des Melkstandes? Was hätte er, erschrocken, über die scheinbar ausgebürgerten Kälber in den Iglus aus Plastik gesagt? Hätte ihm eingeleuchtet, dass die Kälber diesen Schutz vor den vielen „Keimen" im Großstall brauchen? Die Anmut der Kälber ist noch immer dieselbe; auch das Schnauben der Milchkühe – allerdings „produzieren" sie Jahr um Jahr mehr Fett und Milch. Dazu das Stämmige der Bullen – so stattlich wie die hundertjährige Eiche am Ufer des nahegelegenen Weihers. Unaufhaltsam die zunehmende Mechanisierung;

jede Generation macht auch da ihre „Quantensprünge" – um mitzuhalten. Die Kühe bewegen sich frei; ihr Futter lässt sich mit dem Traktor in die Stallmitte hereinfahren.
Veränderungen, Umstellungen – und „Heimat" zugleich: dieses „Nur-Hier": also bleiben, Mitglied der Freiwilligen Feuerwehr seit vielen Jahren, so selbstverständlich, so wie der Hof einem Hafen gleicht.

Kärwa

UND schon erwähnt einer, weil ein anderer nach einem „Original" gefragt hat, den „Heiner": „Bei dem hamm die Henna und Katzn aufm Tiesch mitgessen!" Ein andermal hätt' er ein Huhn mitsamt den Federn gekocht – steinhart sei's geworden; und wie er einmal mit seinem Goggo einen Zusammenstoß gemacht hatte, da hätt er seine blutige Stirn am Brunnen gewaschen und verwundert über den Vorfahrtsberechtigten gesagt: „Der Depp hat mi doch kumma sehng!"

Regenbogen von
St. Walburg nach Lettland

LIEGT merkwürdig und unerwartet: Der Ort an der Hangflanke des Biberttals. Neubaugewagtes Gelb mit Orange – ein Wohnhaus am Ortsrand, und bald

darauf das Lohrot der Schauseite vom Wirtshaus „Zum roten Ross": mit Gittermotiven, Andreaskreuzen und geschweiften Bügen, darüber die Aufzugluken. Augenschauspiele und stattliche Baupracht.
Und so hoch der Kirchberg mit der Turmnadelspitze. Der kleine Schlauersbach, der hat keck hier eine Schluchtkerbe gegraben. Vor der Stammesmühle führt eine geradezu dalmatinische TreppenStiegengasse hangauf; mehr als 20 Meter Höhenunterschied mögen es sein, in Großhabersdorf. Dieses Nebeneinander von AltNeu – FachwerkHausbrüste, und an einer Kehre des Fronbergwegs das Weißhelle von Heute – mit fast französisch langen Fensterläden: Augenwohltat, sich abhebend vom Durchschnittlichen – diese Mischung von Wohlgelungenem in einem der großen Orte des Landkreises.

Und plötzlich der Zeitsprung ins „Nochgarnicht-so-lange-Her": deutet Dietrich auf das Sauberblau des Schwimmbades – das war einst das Wasserreservoir für den Flugplatz. „Wo ist hier denn ein Flugplatz?"
Schon 1934 wurde der „Fliegerhorst Unterschlauersbach" in Hitlers Deutschland angelegt; das Gelände den Bauern enteignet, allerdings gegen „überdurchschnittliche Pacht". Keine Betonpisten, nur Graslandebahnen – ein KriegsUnterstützungsplatz, im April 1945 zerstört. Es spricht für die zeitweilig enteigneten FelderEigentümer, dass sie hernach kategorisch jede neue Luftraumnutzung, und sei sie noch so zivil, ablehnten – fränkisch hartnäckig. Also wieder Felderfriede, Felderweite zwischen Hornsegen, Oberreichenbach, Unterschlauersbach und Großhabersdorf.
Jetzt möcht' ich schnurstracks vom Nordhang hinüber, übern Steilaufstieg zur Kirche auf dem Südberg!
Ha, was für eine Freude: an der hübsch gefassten Bachkerbe dieser Mutbeweis, dass trotz Fernsehen in bald jedem Haus (mit mindestens 28 Programmen) hier noch das Gemeinschaftserlebnis „Kino" sich hält und gehalten wird – zwischen Forchheim und Hollfeld!
Will mir dort unbedingt den Film über Sophie Scholl ansehen! Und wie einladend rund um das hartnäckig Gehaltene, oft schon mit Preisen ausgezeich-

nete „Kino": allerlei Gastronomie. Reisen sollten jedesmal mit einer Überraschung verblüffen – mit ungeahnten Verbindungen; sonst wär's ja nichts als bloße Besichtigung.

Hatte Dietrich ganz nebenbei erwähnt, dass dafür Sorge getragen wurde: die „Lettengräber" nach Ablauf der Liegezeit nicht verschwinden zu lassen. Lettengräber in Großhabersdorf – wie das?

Ich dachte zunächst an lettische Soldaten, die (häufig in der Waffen-SS) Dienst in der Wehrmacht taten. Fuhr den Steilberg hinauf, sah den Löwen überm Friedhofstor liegen; ein Löwentor. Ging um die Kirche herum, freute mich auf die Lichtglut der Farben der sehr alten Glasfenster (14. Jahrhundert) – und las auf einer Steintafel an der Südseite des Langhauses 12 lettische Namen. Seltsame Querverbindung: 1971, im Dezember, war ich von Moskau über Nowgorod, Leningrad und Tallinn (dem einstigen Reval) auch nach Riga gekommen; wunderte mich damals über das „deutsche" Baugesicht der Stadt und dass ein Konzertprogramm in einer Kirche nicht nur in kyrillischer Schrift auf Russisch, sondern auch in Lettisch ausgedruckt war: „Ergelmuzikas koncerts".

Riga – Lettland ... Gehe durch den Friedhof, schaue vom großen Gekreuzigten zum Turm mit den beiden querhausartigen Stiegenhäusern. Da, bei Soldatengräbern, die sieben

Grabsteine von Menschen aus Lettland: Ich stutze. Wer hier zwischen 1945 und 1948 verstarb, indes in den Jahren 1863, 1865, 1866 und 1881 zur Welt gekommen ist, der kann nicht seinerzeit Hitlersoldat gewesen sein! So also, so also – und plötzlich muss ich an die Schriftstellerin Zenta Maurina denken, 1897 in Lejasciems geboren, 1944 aus Riga geflohen, lange im schwedischen Exil, seit 1965 in Bad Krozingen, 1978 gestorben – eine der großen Heimatvertriebenen Europas, die trotz russischem Terror russischen Geist, vor allem Dostojewskij und Tarsis liebte... Aus ihren Büchern wusste ich um die „Vertreibung der Balten". Sie leuchtete jetzt – ebenso wie eines der Glasfenster im Chor. 1944 waren also rund 170 Menschen aus Lettland vor der Roten Armee geflüchtet und hatten Zuflucht gefunden in Großhabersdorf: Evangelische Glaubensbrüder bei evangelischen Glaubensbrüdern: „Esmu pie tevis – ich bin bei dir", sagte Gott zu den Verfolgten. Wäre hier nicht einmal ein „Lettischer Tag" möglich?

EuropaGeflecht – rund um die evangelische „Predigt-Emporenkirche" mit dem an die katholische Bischofsstadt Eichstätt erinnernden Namen „Walburga", der Schwester des Heiligen Willibald.

Seltsam, nicht wahr, was da an Querverbindungen über die „Bärengasse" hinaus läuft ... Leuchtend, wie der

Farbdreiklang am Orgelprospekt: Dunkelblau, Graublau und Silber. WeltEinstieg – mitten im Fürther BesonderLand: Möglich rund um die Inseloase einer Kirche. Wenn sie denn, wie im lettischen Volksmärchen von der „Wundermühle", sprechen könnte: Würde sie noch Tränen haben, wenn sie ans Jahr 1942 dächte, als hier und in Vincenzenbronn die Glocken von den hitlerischen Räubern entführt wurden, umgeschmolzen zu Kriegsmetall? Würde sie schmunzeln, wenn sie Fotografien miteinander vergliche: wie kränzchengeschmückt keusch anno 1947 die Konfirmandinnen aussahen – und wie minirockkeck die jungen Damen aus dem Jahr 1974 ... Würde sie sagen: „Lies ein Tagebuch!" Wie da im Jahr 1941, als es noch Tagelöhner gab, hier jemand schrieb: „Man weiß es nicht mehr anders, als dass eben Krieg ist." Und wie sich die Leute auch immer wieder wehren: im Mai 1945 ließ man „alles Weibliche rasch verschwinden – zum Schutz vor Vergewaltigung durch die Siegersoldaten ..." Zuversichtlich leuchten die Glasfenster.

Rechenaufgabe

NEHMEN wir als Beispiel den Großort Großhabersdorf: Bei ungefähr 4.500 Einwohnern gibt es 80 ganz verschiedene Vereine – wieviel Mitglieder könnte da jeder Verein im Durchschnitt haben? Und wie hoch ist die Zahl der MehrfachMitgliedschaften? Und was passiert, wenn die Landrätin während einer Amtsperiode nicht mindestens einmal bei jedem war?

MusikMachLust in Großhabersdorf

Über Walter Zimmermann und die ÜbFreude auf dem Lande

„Ich wollt ich wär im Himml drom, und hätt a Säckla Geld, fidrijadium, fidrijadium, ich steigert auf ä Wolkn nauf und scheißert auf die Welt, fidrijadium, kennst di aus."

DAS ist eine Strophe von einem Kirchweihlied: „Wilde Gesänge" haben Walter Zimmermann schon vor 30 Jahren fasziniert und angeregt. Er hat sie im „Fürther Hinterland" gesammelt – wissend, dass „das Lokale" auch „das Universale" sein kann, solange es seine Herkunft nicht verleugnet und nicht im globalen „MusikMatsch" aufgeht. Walter Zimmermann, in Wachendorf aufgewachsen, kennt 'den' Alltag, ob hier oder in Berlin: also all die Verhaltensweisen, um sich zu behaupten – Geschäftstüchtigkeit und Gerissenheit, ob im 'normalen' Geschäft oder im 'Kunstbetrieb'. In seinem Innersten und in seiner Musik aber ist Sehnsucht

nach „Gelassenheit". Eines seiner großen Klavierstücke heißt „WüstenWanderung". Wer seinem 3-Minuten kurzen Klavierstück „When I'm 84" lauscht, der wird einer ganz verhaltenen Sehnsucht inne, die in ihrer 'Heutigkeit' auf alle Effekte verzichtet und dabei mit wenigen Tönen die Magie des wiegenden Zuhörens zum Klingen bringen. Ja, seine Musik mutet Spielern und Hörern Aufmerksamsein zu, denn es ist eine durchdachte Musik, die immerzu „wie auf der Suche" klingt.

Zu seinem Kompositionswerk gehören auch Bücher; 1981 erschien sein umfangreicher Band „InselMusik". Darin hat er amerikanische zeitgenössische Komponisten porträtiert und sich intensiv mit „lokaler" Musik auseinandergesetzt, ohne jemals etwas in der Art von „leichter" Musik zu komponieren. In seinen „Schalkhäuser Liedern" findet sich auch einer meiner umgangssprachlichen Texte für „Singstimme und Klavier" vertont.

Dieser wahrlich auf- und anregende Komponist gehört als „Sohn des Landkreises" zur geistigen Kontur – sozusagen als „exotisches Hochgebirge"; sein Zyklus „Lokale Musik" gehörte hier aufgeführt; jedem Leser möchte ich seine Doppel-CD „Beginner's Mind" ans Herz und in die Ohren legen: (MSV CD92057 [a+b] METIER). Selbstverständlich gehört zu diesem Landkreis auch das vielfältige Selber-

Musik-Machen: Was für eine MusikMachLust, wenn im langen Kirchweihzug an der „Färther Kärwa" die Musikzüge aus Zirndorf, Stein, Langenzenn und Burgfarrnbach aufspielen ... Nicht zu vergesen die Posaunenchöre und Kapellen, die nicht selten in der Uniform der Freiwilligen Feuerwehr 'aufmarschieren' und einen 'Marsch' blasen: nicht als kriegerische Klänge, sondern als Einladung zum Tanz. Nicht genug zu preisen sind all jene, die neben ihrer Tagesarbeit sich vorwagen in den Dschungel der Noten und sich daran machen, die „Sprache der Musik" zu lesen, zu verstehen.

Dazu wollte ich einmal eine Kostprobe hören – und ich fuhr zum abendlichen Üben des „Musikzuges der FFW" nach Großhabersdorf.

Wieder einmal dieser Ort in der Hangbucht einer Talkerbe. Seine Kurven, seine jähen Häuserwechsel, sein VielGesichtiges, seine architektonischen Reibungen, seine auffangende Eigenart ... Und dazu die ökumenisch-schöne Geste, dass zur evangelischen St. Walburg-Kirche die katholische Schwesterkirche „St. Walburga" heißt. Wieder einmal die Hangschlaufen-Straßen hinauf, mit der Überraschung eines Hotels. Ein Seestern-Ort. Die Schule, oben auf dem Berg, mutet heiter an – als ob hier heimische Indianer lauter lustige Fabel-TotemPfähle aufgestellt hätten, mit hübschen Köpfen da und dort, die in ihrer Buntheit

Spaß machen. Nach und nach trafen die Musikanten ein.

Die 24 Bläser, Männer und Frauen verschiedensten Alters, haben in einem Klassenzimmer Platz genommen. Holzbläser und Blechbläser stimmen, Heinz Gawrikow, der Klarinettist und Musiklehrer, ihr Dirigent, hört genau hin: eine Klarinette ist noch zu tief ...

Da bald ein Auftritt bevorsteht – im Rahmen der Partnerschaft zum Limousin und zum polnischen Pommern –, stehen zunächst die drei Nationalhymnen an. Mit wenigen Worten stimmt der Dirigent ein: Wo das 'Militärische' der „Marseillaise" übergehe ins französisch Lyrische ... Die polnische Hymne (mit ihrem 'kriegerischen' Text) habe einen ganz anderen Takt ... Und bei der deutschen Hymne sei auf jenes „Sforzato" zu achten, ab dem es dann wie ein „Katarakt" schäumen müsse ... Aufschlussreich: wie die Bläser sitzen, wie der Körper von Stück zu Stück zum Teil des jeweiligen Instruments wird ... Wie unterschiedlich die Gesichter – die 'irgendwie' zum jeweiligen Instrument passen: TubaMann, PosaunenMänner, KlarinettenMädchen, TrompetenFrau, SaxophonFrauen ... Wie einmal einem Blechbläser der Notenzug davonfährt und er an einer Stelle wieder aufspringt ... Wie eine Musikantin auf eine Korrektur sagt: „Des sagen Sie so leicht! ..." und es beim zweiten Anlauf schafft ... Schon sind sie über allerlei Klippen

gekommen und es leuchtet ihnen des Dirigenten strenger Satz ein: „Dass zwei schrille Trompeten die ganzen Klarinetten platt machen können." Ich höre zu. Ich freue mich, wie da Menschen unterschiedlichster Arbeitsherkunft zu einem Klangganzen werden. Wie sie mit ihrem Instrument eins werden. Wie sie aus Noten Klänge machen, die zu einem Melodiebogen werden. Wie sie, neben ihrem beruflichen Können, mit einem Blasinstrument eine 'geistige' Hörwelt erstehen lassen. Wie sie in die Welt der Sofort-Verfügbarkeit von Musikkonserven das unersetzliche SelberMusizieren hineinblasen – wie Frischluft in einen Weiher. Indem sie zusammen Musik machen, wird aus diesem SelberMachen jenes KlangEchte, ohne das es keine „Lokale Kultur" gäbe. Gewiss wissen sie um ihre eigenen Grenzen, aber sie wissen auch, dass sie unter einem

kundigen Dirigentenstab noch „höher hinaufkommen" können. Glichen sie jetzt nicht einem „Formationsflug"? Und wenn es dann hin und hergeht zwischen Holz- und Blechbläsern ... Und zwischendurch die Solo-Fontäne des Schlagzeugs ...

Bevor sie sich an ein Böhmisches Stück machten, sagte der Dirigent: „Das lebt von den ersten zwei Takten: das ist die Visitenkarte!"

Indes sie spielten, fiel das Abendlicht mit seinem Warmorange schräg auf die Talmulde und das Wahrzeichen der Kirche von Großhabersdorf, und verzauberte den Ort, dessen Talmulde schon eingedunkelt war. In einem guten Licht erscheinen – das wünscht sich ja jeder. Wohl den Orten, die noch ihren eigenen MusikMachLustBrunnen haben – unabhängig von der Fernwasserleitung der längst fertigen und jederzeit abrufbaren Musik.

Bei Sonnenschein im „Mondschein"

WIEDER einmal wollte ich einen anderen Wegfaden in meinen Fürther Landteppich finden und einziehen – da blinzelte so eine lustige Flurbezeichnung: „Mondschein" heißt ein langes Waldstück zwischen Raitersaich, Buchschwabach und Roßtal.

Zum Sommeranfang, also bei Sonnenschein zum „Mondschein"!

Der Reisende reist durch sein eigenes Land, doch er sieht es nicht mit den Augen derer, die darin auf lange Zeit wohnen, sondern mit denen eines Fremden, der unbefangen daherkommt. In Dürrnfarrnbach: Großgeräte der Landwirtschaft; Maschinen, die nicht nur sinnvoll sind, sondern auch etwas Kämpferisches bedeuten: „Mit ihnen halten wir das Land, behalten unsere Wirtschaftsform, denn wir wollen ja nicht nur Landpfleger sein, sondern etwas zum Leben herstellen!"

Wie da immer wieder neue Wege ersonnen werden – hinter einer Gärtnerei dehnt sich eine langgezogene

KREUZFAHRT

'Baumschule' aus; Bäume, die wie eine FreiwilligenArmee herangezogen werden, für den Einsatz woanders – genauso zukunftssüchtig wie die große Herde künftiger Christbäume, die bei Buttendorf heranreifen. Zum „Mondschein"! Wie poetisch sie manchmal beim Namengeben in Franken sein können, und dann heißt es nüchtern aufrichtig an einem Straßenschild: „Am dürren Grund". Wird schon was Wahres dran sein – in Oberreichenbach.
Jedesmal rührt's mich an: wie hirtengeduldig die Kirchtürme mit ihrem Sattel-

dachschiff, inmitten eines ummauerten Friedhofes, dastehen – in Kirchfarrnbach und in Oberreichenbach: KirchenReichland – auch das gilt für diese Gegend. Am Waldrand das Auto stehen lassen. Wie es am Waldsaum nach Holunder duftet. Wie buntgrün die Gehölze. Waldstille. Federnder Waldboden. Waldduft und Waldluft. Nur gehen, schlendern. Waldränder sind hier besonders gemischt; im Sonnigen des Randes halten sich solitäre Bäume besser als im Baumdichten des Waldinneren.

Wieder diese Hochfläche

In Form eines Orangenschnitzes: am Nordrand vom Reichenbach gesäumt, im Süden von Schlauersbach und Bibert. Im Querschnitt mögen das allenfalls zweieinhalb Kilometer sein, doch in der ungestörten Felderlänge sind das mehr als sieben Kilometer Landweite.
Die Kreisstraße FÜ 19 neigt sich von Oberreichenbach her erst kurz vor Unterschlauersbach hinab in einen Ort, wo manches Sträßlein recht verwegen

wieder hangan führt. Zwischendurch vermerkt: in einem Ort gibt es bald „Dorfmusik", woanders „Gruppensingen". Dazu diese Anlock-Anmut der Wirtshausnamen: „Zum Wiesengrund" heißt einer. Am Ortsrand ein Weiher: wie gutgelaunt so ein Gewässer daliegt. Es gibt in „FöhrenFranken" dieses „WeiherFranken" – mit seinem zahmen Wasser: Weiherseligkeit – hier ist das zu spüren.

Keramik in Unterschlauersbach

ALS ich einmal von Großhabersdorf nach Unterschlauersbach fuhr, war mir ein zartrotes Haus mit Fachwerk aufgefallen: „Keramik" – da musst du einmal hin!
Ich bewundere immer wieder auch den Mut von Menschen, die es wagen, in einem scheinbar abgelegen Ort, etwas zu machen, das eben nicht „altmodisch" ist, sondern „zeitlos": Gebrauchskeramik – Teller, Schalen, kantige hohe Vasen, Türglocken mit hellem Klang, und zwischendurch auch etwas Ausgefallenes: wie Schiffe aus Ton, die als KerzenFrachter recht hübsch aussehen – wenn sie in hohen Räumen wie Lichtboote schweben. Werkstattatmosphäre, in zwei miteinander verbundenen Häusern; geschmückt mit allerlei Kostbarkeiten – ein beinah kindliches Pferd aus Holz; ein ausge-

dienter Fensterlukenladen. Ich habe mir dort eine kobaltblaue Schale für meine Pfeifen gekauft: Unterschlauersbacher Sommerblau, von Edith Lins.

„Krügla"

GLEICH darauf, nach dem bunten Getüpfel der Gärten im Schlauersbach-Graben, kurz bevor Großhabersdorf beginnt: das lebensbejahende Getümmel im Freibad. Dazu die Wirtshäuser – bis hin zum schon wieder umbenannten „Krügla". Manchmal gelingt dieses „zugleich", in dem, wie bei Kammermusik, zugleich vier Stimmen zusammen erklingen und 'zugleich' im Vierstimmigen die Einzelstimmen vernehmbar bleiben: Großhabersdorfer „zugleich": Der Christuskopf im „Ölberg" und das Leuchtfeuer des Mosaikschmucks am Haus der Feuerwehr; die Lineaturen der ochsenblutroten Fachwerkbalken und das zweifache Geländerblau der Brücke auf dem Weg bergan nach Fernabrünst.
Oben, auf dem Fernabrünster Buck, wie ein Ableger: das Sportgelände – auch SportLand bedeutet FreiLand; und jene Faustregel gilt hier ebenso: „Verachtet mir die Sportgaststätten nicht!" Hier muss ja das Essen Leib und Seele zusammenhalten. Gut, wenn man hernach sagen kann: „Hier wurde ich gut bedient."

Waldnah – mit AndenKamel

MEINER Karte nach muss es einen zauberhaften Weg geben von Buchschwabach nach Trettendorf, am Mühlbach entlang: Aufheben für ein andermal! Blick auf die Karte: nördlich vom „Mondschein" sind zwei Waldstücke: „In den Hasenbüschen", was schon hübsch genug wäre; das zweite aber hatte, das merkte ich bald, einen geradezu prophetischen Namen. Denn nachdem ich mir diese „Eselsheide" mit Lachen gemerkt hatte, da war ich in das anmutig gelegene Trettendorf gekommen – und was sprang da mit südamerikanischer Grazie auf einer umzäunten Weide herum? Ich traute meinen Augen nicht: ein Wesen mit dunkelbrauner Wolle, das andere in zartem Gelbweiß, mit längerem Hals und mit gespitzten Ohren – zwei „An-

denkamele", ohne Höcker. Zwei Lamas in Trettendorf! Wobei ich vermute, dass beide zu der Sorte der „Guanakos" gehören. Ach, hatte ich nicht einmal geträumt, mit einem richtigen Anden-Lama als „Packesel" durch diesen Landkreis zu ziehen?

Buchschwabacher Oase

Auf der Fahrt nach Ansbach oft daran vorbeigefahren, nicht geahnt, was da auf einen wartet – mitten im Ort: Oasenkraftbau einer Kirche. Ich hebe mir die beiden kostbaren Altäre für später auf. Allein schon der Name: „St. Maria Magdalena"! In einem Dorf an diese so ungewöhnlich jesusnahe Frau zu erinnern ...
Eigenwilliges Ensemble: Gassenschmaler Zugang; Friedhofsmauer und Kirche inmitten. Der bezauberndste Blick auf das Ganze vom Magdalenenberg her, mit den Linien der Dächer, alles so dicht bei dicht. Es gibt die bewährte Prüffrage an jeden Ort: Ist er mit Liebe gebaut oder nur angelegt? Auch hier ist etwas gelungen – und jählings höre ich ein schluchzendes Weinen; es kommt von einem Zettel, auf dem wird vermeldet, dass mangels Nachwuchs der Posaunenchor „in den Ruhestand" geht.

Ein „HerrenSitz"

In Defersdorf, dem südlichsten Ort des Landkreises, gut gelegen in der abfallenden Mulde, fiel mir ein Rosenhäuschen auf – eines der hübschesten Buswartehäuschen weit und breit. Nebenan eine Ente als BrunnenwasserAusbläserin. In einem Garten ist ein GartenzwergGarten, samt einem Riesenrad. Da wohnt gewiss jemand, der etwas fürs Spielen übrig hat. Und der ehemalige „Herrensitz", ein stattliches zweigeschossiges Walmdachhaus, mit Fachwerk im Obergegschoss, ist längst ein „Landgasthof" – schön gelegen: „Zum Scheurl-Schloss", das an die Nürnberger Patrizierfamilie erinnert. Der lange Linienschwung der Straße führt nach Kleinweismannsdorf. Die Straße Richtung Regelsbach kreuzend, musste ich an den Maler Georg Hetzelein denken, der fast 100 Jahre alt ge-

worden ist und in seinen Bildern auch das Bezaubernde von „Föhrenfranken" dargestellt hat. Er kannte durchaus das Grausige unserer Welt, doch in seinen Landschaften schimmert das als unzerstörbar erlebte Schöne. In seinem Nachlass fanden sich noch Zeichnungen – auch etwas zu diesem Landstrich.

Rund um Großweismannsdorf

Großweismannsdorf macht einen tüchtigen Eindruck: man hat sich auf den B-14-Durchreiseverkehr eingestellt. Na, wenn es hier schon einen „Hofladen" gibt: Schau hinein!
Reklame mache ich hier für kein Wirtshaus und für kein Geschäft – aber diesen springenden Punkt kann ich nicht außer acht lassen: Es ist unsere Sehn-

sucht nach dem Echten, die hier geweckt wird. Niemand wird bestreiten, dass wir in den landläufigen Geschäften nicht alles Notwendige bekämen, und den meisten wird's egal sein, woher ihre Butter, ihr Wein, ihr Brot, ihr Käse kommen – aber manchmal erinnert einen eben so ein Laden daran, was für ein aberwitziges Weltgemisch uns angeboten wird, so dass wir meinen, die Herkunftsquelle gar nicht mehr kennen zu müssen. Hier aber das „Selbstgemachte", das „Selbstgeschlachtete" ... Sind es wirklich nur 'grüne Romantiker', die darauf achten? „Heimatgefühl" ist dieses intuitive Verlangen, sich hier mitzubeteiligen; anders wäre die Vielzahl der Vereine ja gar nicht zu erklären. Sehnsucht nach Gemeinschaft – das kann plötzlich da sein, bei einem Bier, an einem Tisch, vor einem betagten Wirtshaus in Kastenreuth.

Fermate auf dem Jakobsweg

NAHE am Wald, zwischen Ammerndorf und Roßtal: Buttendorf. Eines der Dörfer. Emsig, nicht laut. Überrascht mit einem ockerhellen Gebäude; wäre da auf Balken nicht eine Dachhaube mit Glocke darunter: das Kirchlein fiele gar nicht auf. So schlicht. Nein, nicht „armselig"! Treuherzig lädt's zur Andacht ein. Neben dem Altar, an der Wand,

lächelt eine Muttergottes. Im 14. Jahrhundert ist die Kapelle „St. Jakobus/ St. Ägidien" erbaut worden. Eine Empore, linkerhand. Eine Fermate auf dem weiten „Jakobsweg": Buttendorf liegt also an einem weltberühmten und Welten verbindenden Weg.

Überrascht in Clarsbach

ICH weiß noch nicht, warum auf meiner Landkarte das Stück der Kreisstraße „FÜ 22", zwischen Raitersaich und Clarsbach, ausdrücklich „Judenstraße" heißt. Ich bin überrascht von der Masse der Masten, die hier Strom weiterleiten. Gigantisches Mastengespinst. Energieströme. Wieviel GigaMegawatt fließen da unsichtbar hoch in der Luft durch die Drähte?
Und da, an der Ortsecke, kauert so ein kleines, weißes Kapellenvögelchen. Es

ist der „Maria Königin" geweiht. Das schlichtweiße Kirche verschlossen, doch da leuchten einige Sätze von Papst Benedikt XVI. auf: Sie ermuntern, dass wir die „Banalisierung des Körpers" nicht zulassen sollten – gemeint ist der wahllose Geschlechtsverkehr.
An anderer Stelle bewegt sich ein Kind sicher auf seinem Einrad. Zur Sonnwendfeier wird eingeladen. In dem hübschen Ort heißt ein Weg „Villenstraße".
Später hörte ich, dass diese „Zentralstelle der Stromenergieversorgung" von ganz Deutschland noch vor wenigen Jahren bei „Katastrophenschutzübungen" als „zu sichernder Ort" besondere Bedeutung hatte. Könnte jeder Gottesdienst, jedes Gebet nicht auch eine Katastrophenschutzübung sein – um sich von keiner Lebensangst überfallen zu lassen?

ReiterReich Raitersaich

UND dazu alsdann das muntere Gewurle und Treiben in dem Reiterort Raitersaich: Teiche mit Vogelhäuschen, entzückende Ziegen und Ponys, Pferde und Pferde: Reiter und Kinderglück. Allein schon der Stallgeruch, die Anmut der fellglänzenden Tiere. Ich musste an die Pferdeseligkeit unserer beiden Töchter denken: Diese vertrauliche Geselligkeit rund ums Pferd; die Ausrüstung dazu; das immer sicherer Werden im Sattel – ach, und wenn dann nach einem Turnier die erste Preisschleife an den Zügel geheftet wird ... Ein Sieg über die Unsicherheit; und dazu die Verbundenheit untereinander: man erkennt einander schon am „Stallgeruch".

Holzvogel am äußersten Südwest-Rand

IN der Sahara wird niemand Eisbären erwarten. Folglich im Landkreis Fürth auch niemand Meer oder Alpengebirge; selbst das Neue Fränkische Seenland ist meilenweit entfernt. Aber diese Landweite, die sich nach Talmulden und Waldinsein immer wieder auftut: die hat es in sich.
Auf dem Weg durch den fachwerkreichen Landkreis gibt's dir einen Stich, wenn irgendwo ein Fachwerkhaus aufgegeben worden ist zum Verfall – und

als Gegengewicht das Neuerblühen eines stattlichen Fachwerks, etwa in Gonnersdorf.
Lustig, im wahrsten Sinne des Wortes, nimmt sich die griechische Taverne in Fernabrünst aus: als machte es

ihrem mittelmeerischen Weiß und Blau nichts aus, dass als Meer hier die Getreidefelder wogen. Am Waldrand entlang pirschen. Gleich wird es nach Schwaighausen hinuntergehen, an die unsichtbare LandkreisGrenze. Wer diese Grenze im Kopf hat, der weiß im MühlbachTal, dass nach dem dorfhübschen Schwaighausen und nach der anmutig gelegenen Weihersmühle Bürglein schon 'Ausland' ist. Wendsdorf ist „Grenzdorf" und nach dem Katzensprung zur Wendsdorfer Mühle hört die befahrbare Straße tatsächlich auf: „Landsend" würde ein Engländer sagen. Dieses GründleinTal hat seinen Zauber – als lebte hier die „Stille" noch in freier Wildbahn, beschützt von einem großen Vogel aus Holz, bunt bemalt, auf meterhoher Stange: wie ein TotemPfahl von Indianern, der an die Ahnen erinnert. Nach Walddickicht plötzlich ein Feld mit hohen Korbblütlern in eigenartigem Violettrosa: Anbau von „Echinacea". Ein Eckpunkt, in Ruhe gelassen.

WIE EINE KRONE

„Horsadal"

„Rosstal": Immer wieder vorbeigefahren auf der B 14. Nichts hat hingelockt. Niemand rühmte mir den Ort. War auch nichts zu sehen, wenngleich so katzensprung-nah, von der B 14 aus. Kein Magnet – wie Cadolzburgs Minaretturm oder Wilhermsdorfs Kirchenprunkfassade oder Langenzenns anmutige KirchturmHelmhaube. Fuhr also immer an Roßtal vorbei. Sah weder „Tal" noch „Ross": Schon ein komischer Name!

Eines Tages: Kam ich von Kastenreuth oder von Oedenreuth? War's der Abzweig von der B 14, über den Wimpashof? Nein! Ich war von Anwanden, am Wolfgangshof vorbei, nach Weitersdorf gefahren, das einem kuschligen Nest glich; und wie ich unter der Bahnlinie hindurchschlupfte, wusste ich beim nahtlosen Übergang der Häuserkette nicht, ob das noch Weitersdorf oder schon Roßtal ist.
Ein Bahnhofsgebäude tat kund: „Du bist in Roßtal!" Auf dem Gelände davor, angesichts von behauenen Steinen

ROSSTAL

und Steinkunstwerken, musste ich bei der Namensfahne „Bulgariu" sogleich an Bulgarien denken, Nun ging's wieder hinunter. Ich fuhr und fuhr – scheinbar immer im Kreis herum: mal ging's nach Weinzierlein, mal nach Stöckach, dann über Buttendorf nach Ammerndorf; ich hätte auch nach Clarsbach und Raitersaich fahren können; in südlicher Richtung böten sich Trettendorf, Wimpashof und Oedenreuth und die Fernstraße B 14 an ... Roßtal als neunstrahliger Verkehrsknotenpunkt – ich fuhr immerzu außen herum, wunderte mich über Waldschluchten an den Flanken des Ortes, sah auch einen stämmigen Kirchturm, ziemlich weit oben, aber ich fand weder Ortsmitte noch Herzkern vom „Markt" Roßtal.

Und plötzlich war ich dann doch ganz oben, ganz nah an dem mächtigen Kirchturm. Ein paar Schritte nur, unsicher noch: Wo bist du denn da hingeraten?

Ein Gebäude aus Fachwerk, freistehend. Eine Mauer, ein Durchlass. Ein schmuckes Fachwerk; jedes der drei Geschosse etwas breiter über dem unteren. Ein Hofareal tut sich auf, weit ausschwingend, umfasst vom Mauerbogen – und mittendrin, anstatt einer zu erwartenden Burg, das Langschiff einer Kirche.

Ungläubig ging ich herum, rieb mir die Augen; derlei als Herzmitte einer Landstadt hatte ich bislang noch nie gesehen. Dachte ich jetzt ans alte Reval oder an Riga? Es war Zeitverzauberung, die da geschah.

Zu drei Seiten rund um die lang gestreckte Kirche die Herde der Grabsteine – wie wenn dieser Freiplatz mit den

Bestatteten den Himmel zur Landung einlüde. Alles nahm hier oben ein Sonnenbad.

Wie wundersam in der Ecke des Einlasses das „erste Pfarrhaus" und wie sich, längs der Mauer, weitere Häuser anschmiegen: das „zweite Pfarrhaus" und andere Gebäude, giebelschön, zart, anmutig. Glich dieses ganze Bauensemble nicht dem Gassenzauber hinter dem Veitsdom auf dem Hradschin von Prag?

Durch ein Pförtlein ging ich hinaus, nahm einen weitergezogenen Anlauf; stieß auf einen hübsch angelegten Rundteich samt Brunnen; nahm wahr, dass in dieser Oberstadt, beinahe auf gleicher Höhe, sozusagen die Bergstation der Bahnlinie liegt; schlenderte weiter, als ob ich eine mittelfränkische FachwerkParade abnähme; staunte über Satteldachhäuser; wunderte mich, wie's an einer Stelle schluchttief wieder hinabging.

Ob ich denn etwas Bestimmtes suche, fragte mich eine Frau. „Eigentlich nicht", gab ich zurück, „das Rathaus werd' ich schon finden ..."

„Ach, der Kasten! Der ist gleich ums Eck!", war ihre Antwort. „Zauberhafte Häuser hier oben", sagte ich entzückt, worauf sie trocken erwiederte: „Fast alle sind zum Verkaufen!" Das gab mir einen Stich: „Wieso das?"

„Ach", sagte sie, „die Alten sterben nach und nach, und die Jungen wollen lieber was eigenes Neues, als sich das teure Sanieren aufzubürden ..." Das klang wie ein Todesurteil.

Langsam ging ich am Geländer der Schlossbergsteige hinab und wieder hinauf. Jaja, das Rathaus ... Ein typischer Fall für eine Architektur, die zwar etwas „Modernes" will, aber nicht, dass Architektur immer auch ein Antworten auf das Vorgegebene sein sollte. Nun gut – jedenfalls macht es der Baukunst von früher keine Konkurrenz. Jetzt wandte ich mich wieder dem HimmelsLandeplatz zu, kam von der Nordseite her, ging durch eine Gasse mit betörend sich öffnendem Blick: rechterhand ein Fachwerkhaus, dahinter das fachwerkgeschmückte Torhaus zum Friedhof, und darüber die Kraft des Westturms. Ich musste an das Kirchenlied denken: „Ein feste Burg ist unser Gott". Diese Zeile verkörpert die Gestalt der Kirche, an deren einer Außenseite ein „Ölberg" das Ostergeschehen eindringlich darstellt.

Ich ging, schaute und staunte: Ist das nicht eines der schönsten Bauensembles weit und breit? Müsste diese „Obere Stadt", die mich jetzt an Bergamo mit seiner „cittá alta" und seiner „cittá bassa" erinnerte, nicht in besonderer Weise alljährlich in das Programm vom „Fränkischen Sommer" bevorzugt bedacht und 'bespielt' werden?

Außerhalb des Friedhofsareals weiterer Fachwerkzauber. „Mosthaus" und „Museum"; dazu ein Garten, der an einen früheren „Klostergarten" erinnert. Gut gemachte Tafeln und Schilder weisen auf einen „archäologischen Rundweg" hin – so dass es mit einem Mal nur so 'geschichtlich' sprudelt ...

Ich wusste das alles nicht: wie da 'graue Vorzeit' aufscheint – allein schon an einem „Gotteshauslehen", dessen „Lehensinhaber ab 1594 bekannt" sind.

Dass der Ort aus wirtschaftlichen Gründen sein einstiges Stadtrecht 1821 zurückgab; dass 1872 die Bahn hier anlegte – und dass der 'fortanige' „Markt" im Krieg „verschont" blieb, so dass Roßtal zur Zuflucht vieler großstädtischen Ausgebombten wurde. Hier las ich zum ersten Mal von der „urbs horsadal"; ich hörte „the horses", die Gäule, die Pferde, die Rösser der Geschichte schnauben: uralte Siedlung, bergschön: „urbs horsadal" – nur italienisch kläng's noch schöner: „Valle dei cavalli".

Jetzt erst traute ich mich in die St. Lorenz geweihte Kirche. Unter dem verlatteten, trapezförmigen und sachtfarbigenTonnengewölbe über Zugbalken fielen mir zwei Emporenreihen auf – und sogleich musste ich an Zirndorfs Emporenbilder denken. Hier aber keine Bildergeschichten, sondern Sprache: Wundersame lutherische Lust – die Bibel in wenigen Sätzen, stoßmesserscharf, zusammenzufassen ...

Für eine Weile ist's, als ob aus einem kürzlich gegebenen Interview Gott wortwörtlich zitiert werde – mit dem Allerwichtigsten; auf jedem Emporenfeld ein Spruch, ein Zuspruch: „Betet ohne Unterlass".

„Warum seid ihr so furchtsam?"

„Ich lebe und ihr sollt auch leben".

„Ich bin bei euch alle Tage bis ans Ende der Welt".

„Einer trage des anderen Last". Wegzehrung genug, GewissheitsFülle. Wer aber vermag es, allein so einen Satz über die Länge eines Tages im Bewusstsein zu haben wie ein pochendes Herz – und wer kann ihn befolgen? Unerschöpfliche BrunnenMitgift und so hübsch geschrieben: Eines jeden Wortes Erster Buchstabe leuchtet warmrot. Dachte plötzlich an den Sprüchereichtum im noch fachwerk-üppigeren Goslar, wo fast jedes Haus so einen Bibelspruchschmuck trägt.

Horsadal, horsadal ...

Und noch etwas kam jetzt hinzu: das 'Höchste' in seiner bezaubernden Einfachheit ist ganz unten: die Krypta. Über dem quadratischen Grundriss die Linien der Joche: Urkirche, ganz einfach.

Das Mauerweiß, dazu Leuchter aus Metall. Nichts lenkt ab. Kann mir gut vorstellen, dass junge Leute gerne hierherkommen, um sich vom ganz Einfachen des Glaubens eine Schutzimpfung geben zu lassen – für das Leben draußen, das sich an keinem Alltag mit den Idealvorstellungen deckt. Dieses „Trotzdem" der Zuversicht ...

Kurzum, ich hatte den Eindruck, dass dieses Schatzhaus Roßtal viel zu wenig bekannt ist – und mancher rümpft schon beim Hören des Ortsnamens die Nase, weil dort eine Art lokaler „APO" höchst wirksam sei und den gewählten Gemeinderäten das Entscheiden zuweilen recht schwer mache.

Als dann, später, am Bahnhof No. 1 ein roter „Railon"-Zug einer Privatgüterbahn vorbeigedonnert war, fuhr ich in eine Sackstraße – und sah dort das „weinende Haus". Es war das einstige Kino, das „Parktheater"; das weinte ganz still und leise, weil seine Anziehungskraft seit langem erloschen ist – und hat so eine einladenden Lage. Wehmütig erinnerten Kinoplakate an Klassiker des Films.

„Morgenröte" mit der „R 7"

ALS im August 1968 Truppen des 'Warschauer Paktes' die Tschechoslowakei besetzten, arbeitete ich als Lehrlings-Redakteur bei der FLZ in Ansbach – pendelte also, lange her, desöfteren mit dem Zug zwischen Ansbach und Nürnberg, ohne dabei je den Landkreis Fürth als Transitland wahrzunehmen. Alsdann: frühmorgendliches Nachholen, ganz bewusst!
Mit der „R 7" von Nürnberg (Hbf) nach Schweinau. In 3 Minuten kommt Stein. Das wundersame 'englische' Schloss mit dem herrlichen Park vor dem inneren Auge, denke ich an jene heilignüchterne kleine Kirche, die ureinst den „Evangelisch-Reformierten" zur Verfügung stand, da ihnen die „Evangelisch-Lutherischen" in Nürnberg einen Gottesdienstraum verweigerten – anno 1670. Gerhard Hirschmanns Buch

über die Geschichte dieses „Industrieortes" solltest du lesen!
Bremsen quietschen. „Hp. Unterasbach". Und eh' ich's mich versah, hielt „R 7" schon am „Hp. Oberasbach". Herrschaftseiten! Den „1. Scheißhäuslebauer", Ludwig Meier, hab ich auch noch nicht aufgesucht – das könnt' mal ein lustiges Geschenk ergeben. Unbedingt muss ich mal wieder zu Alois Halbritter und Heinrich Löwisch, den einfallsreichen Krippenbauern von „St. Johannes" in Oberasbach. Seit meinem „KrippenparadiesBamberg"-Buch weiß ich ihre detailfreudige Arbeit zu schätzen.
Oh je! Bei den „Deberndorfer Schlorchern" war ich auch noch nicht! Ganz zu schweigen von den „Hochzeitsschützen" in Fernabrünst! Schlechtes Gewissen pocht: viel zu selten hast du bislang das BusLiniennetz genutzt! Ich wollte ja einmal an einem Tag tatsächlich alle möglichen Busverbindungen zu einer Reise verknüpfen: mit 63/64,

70/72, 71, 150, 151, 152, 155, 713 – und wo es einfach mit den querverbindenden Weiteranschlüssen nicht klappte, würde ich mit „Ast" weiterreisen oder mich der „NightLiner" bedienen: N 7, N 8, N 9, N 21 und N 22. Und dieser ganze Aufwand für die 'innerlandkreisigen' „Verkehrsmaßnahmen" wird in der „Haushaltsstelle N° 8200.7170" vom 2005er Haushaltsplan" mit 2.092.000 Euro veranschlagt. Für diese „100 %" gibt's, nebenbei bemerkt, freilich doch etwas an „Erstattungen" von Staat und Gemeinden! Eigentlich wollte ich ja ganz unbelastet in die Morgenröte hineinfahren und mich nicht „auf vermintes Gelände" begeben, wie jemand einmal gewisse heiße Eisen bezeichnete – egal ob Supermarkt-Volksentscheid, Streit zwischen Vereinsvorsitzenden oder der Nachrede, wenn ein Pfarrer „zu wenig Jugendarbeit" mache oder einmal zu einem plötzlich in einer Kerwanacht Verstorbenen nicht zur Aussegnung kam, weil er sich nach ein paar Bier nicht mehr ins Auto habe setzen können ... „Vermintes Gelände", auch dort, wo ein Abgeordneter der einen Partei erwähnt wird, und die Abgeordnete der anderen nicht. Oh, Himmel! Müsste ich nicht näher auf die 60 Kreisräte eingehen? Bis zum 30. April 2008 gehören 28 zur CSU, 21 zur SPD, jeweils 4 zu den Freien Wählern und den Grünen, und 3 zu FDP/FW. Aufschlussreich: aus welchen Orten wieviel bzw. gar keine kommen ...

Mein Morgen-R-7 schnurrte Richtung Anwanden, an Rehdorf vorbei. Ich sah das Morgenrot das Morgenland erhellen – ausgewogen schön breitete es sich aus, und dazu hörte ich, mit dem Disc-man der Tochter, die „Morgenröte", „Alborada" von Francisco Tarrega – gespielt von der sensibel behutsamkräftig ihre Gitarre ‚schlagenden' Wilgard Hübschmann. Die in Regensburg geborene Gittaristin, die mit ihrem Instrument allein bezaubern kann, lebt derzeit in Roßtal.

„Alborada": eine betörende, leicht merkbare Melodie – Tonfolgen, geschlagen, gezupft, zu Akkorden werdend ... Wie eine Landschaft, die sich zu einem Ort hin verdichtet und dann wieder ins Weite ausschwingt: wie rund um Roßtal.

Vor lauter Zuhören hatte ich sowohl „Roßtal" als auch „Roßtal-Wegbrücke" verpasst; musste also an der LandkreisSchlussstation Raitersaich aus-

steigen, erwischte sogleich um 7.12 Uhr den Gegenzug, verließ ihn an der „Wegbrücke", wanderte gemächlich bis fast nach Weitersdorf, um von „Roßtal" zurückzufahren. Ich nahm mir vor, heuer beim Kerwaumzug der Fürther „Michaelis-Kirchweih" ausschließlich auf die Botschafter aus dem Landkreis zu achten, der sich in der Stadt als reichhaltiges MusikantenLand präsentiert.

Und der „KreisVolksmusikPfleger"? Ein Ehrenamtlicher, dessen „Finanzierung jedoch nicht mehr wie bisher über den Landkreishaushalt erfolgen solle, sondern unmittelbar durch die jeweiligen Gemeinden ..." Die „Mittel für Sach- und Personalaufwand" dafür wurden also gestrichen: Sparzwänge. Klar, ‚der' Landkreis ist ja keine Melkkuh – und schon wieder bist du auf „vermintem Gelände". Ein Trost, dass der Kreistag beschlossen hat, „die Bienenhaltung im Kreisgebiet durch Bezuschussung der Varroatose-Bekämpfungsmittel" zu fördern.

Ein Außenstehender hat leicht reden. Ich möchte die SorgenZentnerLast des Landkreishaushaltes nicht tragen. Jeder Posten ein Wespennest! Hut ab vor der Übersicht derer, die das alles mutig schultern und ausgewogen richten! Wie ein beruhigendes Tremolo klang jetzt die Landschaft bei Anwanden – Wilgard Hübschmann spielte mir „Recuerdos de la Alhambra": von Francisco Tarrega.

Einmalig beispielhaft: „Katholisches KirchenGewürz"

DER Landkreis Fürth bleibt gesegnet mit unverwechselbar treuen Kirchengestalten. Was für eine Mitgift in einem evangelisch-lutherischen Kernland! Dieser Rosenkranz an heiligen Orten: St. Andreas, Bartholomäus, Cäcilie, Egidien, Christkönig, St. Georg, Johannes, Josef, Katharina, Laurentius und Lorenz, Maria Magdalena, Marien, Markus, Martin und Michael bis zu Walburg und Wolfgang ... Immer wieder aufs neue bin ich entzückt über diese unverwüstliche Gegenwart, mit dem Zusammenspiel von Glauben, Kunst und bekennenden Christen. Und wie da, erst nach Jahrhunderten, hie und da Neubauten hinzukamen: etwa das sanft gewölbte Dach der evangelischen Kirche in Oberweihersbuch aus dem Jahr 1932 – mit dem ins Kirchenschiff eingeschnittenen Turm ... Gab es hier eigentlich vor 1945 überhaupt eine Kirche für Katholiken? Flüchtlinge und Heimatvertriebene, ihr katholisches Bekenntnis mitbringend, nach dem 2. Weltkrieg: sie brauchten nun eine neue gebaute Kirchenheimat – im Landkreis Fürth. Wenn wir uns vorstellen, dass es anno 1948 in Raitersaich eine Barackenkirche gab, St. Nikolaus: für ukrainische Heimatvertriebene ... Bald begann Wundersames: Vier katholische Kirchen entstanden nach

und nach – in Roßtal, Cadolzburg, Veitsbronn und Zirndorf. Jede auf ihre Weise mehr oder minder 'modern'. Am kühnsten, für mich, der ziegelrot runde Kirchenschiffsbug von Veitsbronn. Das Wundersamschönste aber ging mir erst jetzt auf: An diesen vier Kirchorten des Landkreises ist beispielhaft einmalig „katholische" Innengestaltung von Kirchen in Deutschland zu erleben, aus dem NeubauZeitraum 1955 bis 1965 – und zwar aus einer Hand: Es ist in diesem Quartett das Frühwerk von Herbert Bessel zu bewundern.

Das „i"-Tüpfelchen dieses Wundersamen: der 1921 in Hamburg geborene Herbert Bessel, der zunächst evangelischer Pastor werden wollte, lernte seine fränkische Frau 1945 in Herzogenaurach kennen; Heirat 1949, und bald nach dem in Ellingen begonnenen Akademiestudium, 1954 abgeschlossen, erhält der junge Künstler so wichtige Aufträge: 1955 macht er 8 Glasfenster für die Aussegnungshalle im Waldfriedhof von Zirndorf. 1956 kommt der Auftrag für das Altarbild in „Christkönig" in Roßtal, 1957 gestaltet er die Außenfassade von St. Otto in Cadolzburg. Im selben Jahr keramische Wandbilder für die Berufsschule in Zirndorf. 1958 kommen aus seiner Hand Seitenaltäre und Kreuzweg in Roßtal hinzu. 1959 das große Christusbild am Ostgiebel von „Christkönig" in der seinerzeitigen Kreishauptstadt Fürth, 1963 die beiden Leuchtfeuer-Glasfenster für „Heilig-Geist" in Veitsbronn. Schließlich, 1965, Glasfenster und plastische Altarwand in St. Josef in Zirndorf.

Einmalige Dichte von Bildern so nah beieinander. Herbert Bessel, seit 1964 in Rasch bei Altdorf lebend, hat auf überzeugende Weise den Weg vom „sofort erkennbaren Bildinhalt" zum „innig selbständig leuchtenden Bild" zurückgelegt. Seine Arbeiten machen anschaulich, wie unmittelbar anrührend seine 'abstrakten' Farbfenster uns ansprechen können. Für die Kirchgänger, vertraut mit gewohnten Bildern ihrer einstigen Heimat, war es nicht immer leicht, sich auf das ungewohnt Neue einzulassen; „manches" sagte einer, „wirkte wie ein Monster, dass mer Angst kriegt! Aber nach und nach leucht' das Moderne schon auch ein!" „You must have beginners mind ..."

Diesen Mut zum Anfangen wiesen ja auch die Auftraggeber auf, als sie dem damals 34-Jährigen die erste Aufgabe in Zirndorf stellten.

In Roßtal: das „wandernde Volk", dessen Kompass zu Christkönig zeigt.

Dazu 'wichtige' Lebenstationen um die Porträts von Josef und Maria, Und dann der Kreuzweg – erst meinte ich, das wären dunkle Holzfiguren auf Goldgrund, doch bei genauem Hinsehen diese zusätzliche Überraschung: Jede Tafel eine Keramikplatte; tonroh in der Vertiefung die Figur, und das 'UnendlichkeitsGold' hat diese eigenartigen Risse; sie entstanden, weil unter dem Gold ein anderer Glasurgrund aufgetragen wurde, so dass beim Erkalten nach dem Brand die Glasur feine Risse entstehen lässt, die dann dem Ton dieses Netz haarfeiner Risse als Haut geben: das vom altchinesischen Porzellan bekannte „Craquelée". Und so nimmt es nicht wunder, dass hier, in der Arbeit von Herbert Bessel zugleich auch ein Meisterwerk der Kunstkeramikwerkstatt Kuch aus Burgthann zu erleben ist.

Dann das Giebelmosaik an St. Otto in Cadolzburg ... Dann die FarbfeuerGlut neben dem Altarwandbogen, links und rechts, in Veitsbronn: „Heilig Geist" mutet dem Betrachter zu, das „himmlische Jerusalem" sich nicht als irdischen Ort vorzustellen, sondern als einen, in dem etwas Geistiges geschieht; das sonnendurchleuchtete Glas verwandelt sich zu einem 'hinaufhebenden' Bild, zu einem Fließen und Strömen.

Schließlich die GlasfensterBildkraft in St. Josef in Zirndorf: auch dort sind lichtdurchdrungene Annäherungen an das Geheimnis des Glaubens. Auch hier gilt: „You must have beginners mind!" Und so fügt sich denn neben der einst gewagten Zirndorfer 'Betonkirche' mit ihrem Turmzeichen gut an das frischrote und offen wirkende GemeindeHaus.

Wer sich von diesem Fürther katholischen Kirchenquartett zu anderen und späteren Arbeiten von Herbert Bessel aufmacht, der wird inne, dass seine 'moderne' Kunst in einem Urgrund christlicher Kunst wurzelt – zu sehen in den Glasfenstern der Kathedrale von Chartres. Das Mitspiel des Lichtwechsels zeigt nicht nur die Schönheit von farbigem Glas, sondern auch die unerschöpfliche Fülle der Variationen der bleibenden Bilder. Was für ein erregendes Zusammenspiel von NaturLicht, KunstBild und gläubiger Zuversicht.

„Heimat ist ... ein panisches Idyll": Bei Hermann Glaser

Als Schüler hörte ich ihn zum ersten Mal 1961, bei einem Vortrag in der VHS in Neustadt an der Aisch; es ging um Literatur der Gegenwart.

Als ich, 1972 von meinen Studien in Moskau zurückgekommen, aus seinen Händen den „Förderpreis der Stadt Nürnberg" entgegen genommen hatte, entspann sich ein Streitdisput zwischen uns. Seither blieb unser Verhältnis „gespannt"; das lag nicht nur an unterschiedlichen „politischen Meinungen". Zuweilen vermeinte ich, dass Hermann Glaser, von 1964 bis 1990 Kulturreferent der Stadt Nürnberg, als Begründer der „Nürnberger Gespräche" auch als politischer „Umerzieher" wirkte. Gerhard Nebel bezeichnete ihn in einem Brief an Ernst Jünger als

„den linkesten Kulturreferenten, der sich denken lässt" (6. 8.1970).

Das alles ist lange her. Als ich an Roßtal dachte, war mir klar, dass Hermann Glaser unabdingbar zur geistigen Landschaft dieses Landkreises gehört. Da er seit Jahrzehnten in Roßtal wohnt, solltest du ihn einmal dort aufsuchen – ohne alle Vorbehalte von früher. Auf dem mit stattlichen Bäumen bestandenen Grund seines Hauses kam mir die hohe Gestalt entgegen; er zeigte mir den Schluchtrand hinter seinem Doppelhaus, wo der Laubwald heranbrandet.

Rasch war erzählt, wie er schon als „Junger" aus Nürnberg hierherkam, mal mit der Bahn, mal mit dem Fahrrad; seine „Tanzstundenliebe" wurde zu einer dauerhaften Verbindung. Da seinerzeit „Bauplätze" in Roßtal „billig" waren, bauten dort seine Eltern – 1953. Hier ist Hermann Glaser daheim. In einem seiner Bücher gesteht er: „Heimat ist Ankunft – verweilen will man im Territorium der Seinsgewissheit. Hier ist das Glück konkret zu Hause." Erstaunlich gefühlvoll, nicht wahr?, wenn man sich das umfangreiche kritische Werk dieses Mannes vorstellt, der lange Zeit gegen die „Spießerideologie" focht.

Ich nahm die geistige Aufladung der Räume durch die Bücher wahr; fast alle irgendwie Brüder; dazu Bilder von Malern, die wir beide hoch schätzen: Michael Mathias Prechtl, Oskar Koller

und Toni Burghart. Und dann die schöne Gegenwart der keramischen Kunstwerke von Elly und Wilhelm Kuch. Mit einem Mal stellte sich heraus, dass Hermann Glaser seine prägende Kindheit im selben Nürnberger Viertel erlebt hat, wo ich seit mehr als 30 Jahren lebe und arbeite: „Gärten hinter der Veste" – er in der Friedrichstraße, ich in der sie kreuzenden Schweppermannstraße. In eben dieser Gegend wurde er „ErlebnisZeuge" der Schändung von jüdischen Mitbürgern durch Deutsche. Jählings wurde mir klar: wenn ein Heranwachsender diese Untaten nicht nur als Unrecht, sondern als mörderische Vergewaltigung erlebt hat, bleiben ihm nicht nur „Albträume" (ein Leben lang), sondern auch „Eichungen der Seele", die fortan überwach auf alles „politisch Gefährliche" reagieren. Im Nachhinein

ließe sich einwenden, dass er früher sein Augenmerk eher auf die „rechte", die „braune", denn auf die „rote" Gefahr richtete. Gleichwohl ging mir auf, dass seine kritische Wachheit überall Lebensbedrohliches erkennt: wenn er „die Tyrannei des Nützlichkeitsdenkens" als etwas deutet, das 'den' Menschen bedrängt, so dass für viele diese Maxime gilt: „Glücklich sein bedeutet konsumieren". Ja, gewiss, es hat etwas Verführerisches, wenn man „Muster" erkennt, nach denen viele Menschen scheinbar automatisch handeln - aber sind sie dann nur noch „Automaten" eines „Systems"? Man muss nicht derselben Auffassung sein, dass quasi jeder Zigarettenraucher zugleich den „Duft der großen weiten Welt" inhaliere – aber es ist richtig, wenn unser Leben häufig von „Trivial-Mythen" beherrscht wird. Mit einem Mal wurde mir froh ums Herz, als ich bei diesem kritischen Geist Hermann Glaser etwas wie „Seinsgewissheit" sprechen hörte; wie 'gewiss' ihm die Vorstellung von „Humanität" ist; wie er rebelliert gegen alles, was „Stereotypie" geworden ist.

Nach und nach stellte sich im Gespräch heraus, dass uns sehr viel mehr miteinander verbindet – wenn er den „Einbruch der Rationalisierungen" in alle Lebensbereiche für gefährlicher hält als „verklemmte Traditionen"; oder wenn er den „Familienbezug" des Postboten von einst ebenso rühmt wie

die „Kontinuität" eines alteingesesse-
nen Familienbetriebs, wie einer Metzgerei in seinem Roßtal.

Er weiß, dass jeder seine „irrationalen
Wurzeln" hat und dass zugleich jede
Gemeinschaft jenes „noch" in sich
haben muss, das ein Maß bedeutet: es
braucht jede „Mischung" eines Ortes
dieses „Noch" von unmittelbaren
Beziehungen. Wenn er sich für eine
„gefühlvolle Vernunft" ausspricht,
dann weiß er, dass das kleine Roßta-
ler Kino kapitulieren musste – weil
eben „die Stadt zu nahe" ist.
Gleichwohl gilt sein „Optativ", seine
„Wunschform", dem Schaffen von
Nischen, um, ganz im Sinne von Jean
Paul, „das Falsche zu zersetzen". Da
leuchtet auch seine Maxime ein, der-
zufolge „die Kunst" eben „Wunden
offen halten" müsse. Freilich, ihre aus-
schließliche Aufgabe kann das nicht
sein – und die „schönen Dinge", die
seine Räume aufladen, belegen es ja:
sie entfachen Mitfreude am Geglückten – seien es Bilder von Piene oder
Mitgebrachtes aus Neuseeland oder
Australien.

Es ist etwas zu Herzen Gehendes,
wenn der 1928 geborene Autor reich-
haltiger „WeltBegreif-Bücher" jenen
mittelalterlichen Dichter in Erinnerung
ruft, in Mittelhochdeutsch:

  „owê war sint verswunden
  alliu mîniu jâr ...?"

Es sind ja nicht nur alle seine Jahre
irgendwohin verschwunden – auch

den Felsenkeller mit BierKühlEis gibts
nicht mehr und anstelle der „Schatten-
kühle" mit schmackhaftem Kartoffel-
salat und Bratwürsten steht anderswo
ein Bungalow ... Ein wundersam wei-
ser Satz Hermann Glasers schimmert
jetzt auf: „Doch die Erinnerung macht,
dass ich nicht leide."

Etwas von dieser Zuversicht eines
erfüllten Lebens klingt im Titel eines
seiner Bücher an: „Und du meinst so
bliebe es immer. Spurensuche in
Franken und anderswo"... Ich erwähnte schon meinen Plan für ein „Schüler-
Lese-Mitgift-Buch" – darin sollten
auch Beiträge von Hermann Glaser
nicht fehlen.

Er, der in der „anregenden" und
„Seinsgewissheit" vermittelnden „Pro-
vinz" lebt und arbeitet, stellt sich

gegen das „Engstirnige", das zum
„Provinziellen" ebenso gehört wie die
sich selbst überschätzende Selbstge-
nügsamkeit.

Von schönen Dingen umgeben, vielleicht sich auch von „guten Mächten
wundersam geborgen" wissend, versteht sich Hermann Glaser als ein
„Anwalt des panischen Idylls" – und
das heißt, dass er wohl weiß, dass
immer wieder „panisches Erschre-
cken", von Menschen ausgelöst, das
„Idyll", also das Idealbild auch von
„Heimat" – bedroht.

Sein Blick streichelt sein Bücherschatz-
haus; sein Lieblingswort ist das ge-
hauchte wissende „Ach ..." von Kleists
„Alkmene". Und jetzt unser spätes einander Verstehen: „ach ...", war das
schön!

„Fun-Park": Der Metropolregion Megamagnet

MORGEN wirst du feuerwehren. Sie möcht puppenhausen. Schatzinsel er gern? Wirst du märchenschlossen? Wie er wieder gerne kutschert! Schau, schon polizeibooten sie! Hast mal wieder wild gehubschraubert! Wenn ihr tierparkt, dann giraffst du und ich elefante. Könntest osterhasen oder notarzthelikoptern ... Wir indessen ritterburgen! Piratenschiffst du auch so oft?

Gestern baumhausten wir. Übermorgen indianern oder kranen! Noaharchen wäre auch nicht schlecht! Oder ferngesteuert güterzugen. Wenn du frachtschiffst, kommt sie zollbootschnell. Aber weder Römer, noch Nord- oder Südstaatler-Soldaten dürfen in mein Paketdienstauto! Meinetwegen kannst du krankenschwestern, aber erst, wenn die Römer-Galeere gelandet ist! Ach, ich krokodile jetzt!
Unsere jüngste Tochter seh' ich vor mir, wie sie mit ihrer Freundin alle Playmobil-Ponys nicht nur sattelte, sondern

GROSSGENUG

ihnen auch Decken aus Stoffen zusammenrollte. Wie die beiden Playmobil-Häuser neu einrichteten. Stundenlang versunken.

Als nach vielen Playmobil-Jahren die Zeit um war und alles in einer riesigen Kiste aufgeräumt war, sagte sie treuherzig: „Darin ist jetzt meine Kindheit." Atemberaubende, faszinierende Verkleinerung der 'Welt' zu Playmobil-Figuren. 'Die' Welt geordnet zu überschaubaren 'Welten': Playmobil-Weltreich. Das Playmobil-Piratenschiff wurde für Generationen zu 'dem' Piratenschiff. Universale Playmobil-Identität: Jeder Playmobil-Spieler kann beim anderen sofort andocken. Playmobil-Weltstaat im Kleinen. Mit diesen Spielsachen ist erstmals ein 'seligmachendes' Weltmonopol geglückt. Glückliche Spielkinder bestätigen es. Dabei sind auch die unaufhaltsamen Fortschritte zur „Perfektion der Technik" zu sehen; dazwischen dennoch viel „SpielRaum", freilich mit präzisen Vorgaben.

Jetzt wollten wir auch einmal sehen, wie es zugeht in Playmobil's „Fun-Park". Ein Spielgarten, der alle herkömmlichen Spielplätze in den Schatten stellt. Hoch, lichthell das neue Haus: vollkommen wetterunabhängig, und in sich so übersichtlich geordnet: Lauter Spieloasen. Ob zu den Containerschiffen, ob zu den Noah-Archen, ob ins Märchenschloss, ob zur Eisenbahn – egal: immer ist für jedes Spielkind dieses wundersame „genug-für-jeden" da. Und stets ist da jemand, der hernach wieder aufräumt.

Und gleich nebenan das Kletterparadies. Und wenn sich Eltern zum Essen

und Trinken in dem arenaartigen Hell-haus zurückziehen: kein Kind geht da verloren.

Mal so richtig aus dem Spielzeug-Vollen schöpfen! Hinausgehen in den wohlgegliederten Park: von Spielwelt-Insel zu Spielzonen-Oasen. Ah, der Wasserspielplatz, der Wasserkanal, und erst der Sand- und Matschspiel-platz! Ha, das „Okta-Kletternetz". Hm, das Indianerdorf! Oh, die Ritterburg! Pah, die tolle Baumhaus-Welt! Wahn-sinn: das Riesen-Piratenschiff!

Für die ‚großen' Spielratzen kommt ein 18-Loch-Golfplatz hinzu. Das „Lechuza"-Pflanzhaus steht schon, und im „Play-mobil-Inn" lässt sich's gleich auch über-nachten.

Ein SpielKosmos ganz eigener Art. Ich musste bei unserem Rundgang an das berühmte „Gardaland" am Gardasee denken: Sozusagen eine komplette Spielwelt, außerhalb der AlltagsWelt –

als wäre man auf einem Spielstern ge-landet. Das Ganze mit sehr viel Ge-schick angelegt: Treppen und Freiflä-chen, Föhren und Bambusdschungel: Gut inszenierte Abwechslung.

Ach, und wie ich ‚alter Esel' diese klei-ne Fähre am großen Piratenschiffssee sah: wie sie in einer Hafenbucht liegt und durch zwei Bögen das festge-spannte Seil zum anderen Ufer gut gehalten wird ... Da konnte ich nicht widerstehen, stieg aufs leicht schwan-kende Floß, zog als eigener Fährmann mich hinüber – für eine Weile wieder-mal ganz kinderselig. Kann schon ver-stehn, dass da nicht nur Kinder ganz playmobilsüchtig werden.

Auch meine Frau, die Sozialpädagogin, schätzt die impulsgebende Kraft dieser vielfach verwendbaren Figuren, die bei aller RollenZuweisung ja höchst varia-bel einsetzbar sind, doch dabei ihre ‚RealitätsBindung' (ob als Boot oder

Fahrzeug) nie verlieren. Das „Play-mobil-System" scheint unendlich erweiterbar. Diese „freundlichen Kerlchen", mit ihren „zuversichtlichen Kulleraugen", lösen inzwischen auch auf Kauf- und Tauschbörsen große Nachfrage aus: „Eine größere Auszeichnung kann es für ein Spiel-zeug nicht geben" – so rühmte der ‚Rheinische Merkur' diese „Retter der heilen Welt". Irgendwann werden alle Völkerscharen der Welt auch ‚playmo-bil-hoffähig' sein, und dann schlösse sich ein ganz naher Kreis – zu der Stelle, wo Ausheimische eintreffen. Und vor lauter „playmobil" – die ersten Figuren kamen 1974 auf den Markt – vergisst man beinah, dass ihr ‚Vater' Horst Brandstätter heißt. Plötzlich ans Fürther „Playmobil-Stadion" denkend, also an den einstigen „Ronhof" der SpVgg Greuther-Fürth: das ist ein wesentlich verträglicher Name als der neue fürs Nürnberger Frankenstadion". ‚Spielerisch' gehe ich weiter und finde einen Satz von dem Theologen Hugo Rahner, dem Bruder des ‚berühmten' Karl Rahner; in seinem Buch „Der spielende Mensch" (1948 erschienen, inzwischen in 10. Auflage): zum „Ge-heimnis" des spielenden Menschen gehöre auch dies: „das ist eine heilen-de Notwendigkeit für uns Menschen von heute, die wir in die Verzwecktheit des blöden Ernstes oder in die Sinn-losigkeit einer bloßen Diesseitigkeit verstrickt sind."

„Homo Ludens", das faszinierende Buch von Johan Huizinga: „Vom Ursprung der Kultur im Spiel" ... Und dazu das allerfeinste Buch zu diesem Urphänomen: „Die Spiele" von Friedrich Georg Jünger.

Was einem da so im 'Gedanken-Spiel' dazu einfällt ... Etwas ins Spiel bringen ... Wenn jemand anderer die Hand im Spiel hat ... Wenn wir gerne Verstecken spielen ... Wenn wir einmal alles aufs Spiel setzen ... Wenn wir etwas spielend können ... Wie sich jemand vor uns aufspielt ... Was sich in der Weit alles abspielt ... Wie gern jemand auf einem Instrument vorspielt ... Wenn jemand einen anderen überspielt ... Wenn wir zum Schafkopfen noch Mitspieler brauchen – und wie es eigentlich nirgendwo ohne Spielregeln geht... Wie wir zuweilen gute Miene zum bösen Spiel machen ...

Kurzum: Spielzeug wird erst zum 'SpielZeug', wenn es gebraucht wird. Spielen ist ja nicht nur „Nachahmen", nicht nur „RollenSpiel". 'Spiel' erzeugt eine Atmosphäre des Zwanglosen. Der „Fun-Park" von Playmobil ist eine Einladung, eine Aufforderung, selbstverständlich auch eine schöne Verlockung. Ich habe mir beim Hinausgehen einen hübschen „Südstaatler" gekauft, für mein Viergespann mit der Kanone, besetzt mit den amerikanischen „Nordstaatlern", seit Jahren hoch zu Playmobil-Ross begleitet von einem freundlich altdeutschen Gendarmen.

Ein 25-Stunden-Tag mit Frau Landrätin

WIEDER einmal ist's sehr spät geworden. Ihren Fahrer hat sie schon längst heimgeschickt. Sie schaut in den Spiegel und lächelt: „Geschafft!" Eigentlich könnte sie sich jetzt noch ein Gläschen 'Mosel' genehmigen – aus ihrer moselländischen Heimat: „Schweich". Und schon muss sie an den Dichter und Wein-Bedichter Stefan Andres denken. Sollte sie nicht ein wenig blättern in seinem „Weinpilgerbuch"? Daneben steht Rudolf G. Bindings „Moselfahrt aus Liebeskummer". Darin stößt sie auf einen unterstrichenen Satz: „Das Volk dieser Landschaft hat eine ihm eigentümliche unbekümmerte Fröhlichkeit ..."

„Na, gut", denkt sie vielleicht, „aber ich bin ja hier in Franken! Weit und breit kein 'Kröver Nacktarsch', kein 'Herzchen' aus Briedel, kein 'Engelströpfchen' ... Ach, meine moselländischen Weinlagen ... Ich bin auch keine 'Weinhex' von der Untermosel ... Und ein 'Osterlämmchen' schon gar nicht ... Genug für heute! Morgen ist wieder so ein termindichter Tag!"

Eigentlich, geht ihr noch durch den Kopf, war 'heute', ach was, ist ja schon gestern!, ein ganz guter Tag! Das mit dem Verpachten des Daches von unserem hübschen Landratsamt hat gut geklappt! Wie bei der Realschule in Zirndorf und beim Gymnasium in Oberasbach sind auch hier die Karstadt-Quelle-Versicherungen als Investor eingestiegen, und so bekommen wir im Gegenzug einen Pachtzins von immerhin 3 950 Euro im Jahr. Na, und in der Zeitung stand's auch. Ob ich mir nicht doch mal eine andere Frisur zulegen sollte? Das „Landkreis-Magazin" ist wieder ganz ordentlich geworden ... Ach, zum 'Landkreistag' muss ich ja auch ... Einen Besuch bei einer der 20 ambulaten Pflegedienste muss ich mir so legen, dass ich dabei auch zwei, drei von den 70 ehrenamtlich betreuten Seniorenclubs aufsuchen kann ... Ach ja, die 'stillen Helden', die Ehrenamtlichen im Bayerischen Fußball-Verband, sind nächstens zu ehren – sind nur sie allein die „Leidtragenden der Sparpolitik"? ... Und dann steht ja noch Berlin an: Landräteseminar! Als Sprecherin der mittelfränkischen Landräte muss ich mir noch ein paar passende Worte für den Bundespräsidenten zurechtlegen ...

Längst hat sie der Schlaf eingeholt – und wieder einmal kommt dieser eigenartige Traum: Sie hat sich ihre Motorradkluft angezogen und ihre gute „Ducati" schon gestartet und sie will einfach drauflosfahren – aber wieder ist die Straße gesperrt und sie passiert ein Gittertor und es ist wieder dieser verdammte Geschicklichkeits-Parcour durch den Dschungel des Haushaltsplans. Jedesmal, wenn sie zu Randgebieten will, zeigt ein Pfeil rigoros zu den „Kernaufgaben" – und nur, wenn sie da und dort keinen einzigen Euro ausgegeben hat, bekommt sie Pluspunkte und 'grün' zum Weiterfahren. Und wieder muss sie ihre „Ducati" vor einem Abgrund anhalten: Wenn 'der Bund' von den Landkreisen „Hartz-IV-

Mittel" zurückfordert, dann sind wir ruiniert! Ah, diese verdammte ungerechte Rechnerei zwischen Großstädten und Landkreisen! Ich müsst' wie eine Hornisse nach München sausen! Und stechen! Aber endlich erwischt sie einen Durchlass, kann davonbrausen und bei echten Freunden einkehren, die ihr nicht mit Anliegen in den Ohren liegen.

Am Morgen ist es licht. Der Traum hat sich nicht wie Maifrost auf ihre gute Laune gelegt. Ach, da liegt ja noch immer Rudolf G. Bindings hübsche Geschichte mit der „Moselfahrt aus Liebeskummer": die „Reize" der Mosel seien „feinzart" und „unmerklich ihr Zauber", „sanft, aber sehr eigen", er sei „bestimmt, aber nicht handgreiflich" ... Na, schön, denkt sie, werd' ich mir heut ein Kleid anziehen aus „Hahnenschrittchen", „Pfirsichgarten" und etwas „Würzlay" dazu! Erst ins Büro – lauter zuverlässige Menschen! Um 10 Uhr Gespräch mit den Fraktionsvorsitzenden ... Ach, heut' ist ja auch der Dichter dabei; na, dem muss ich den Binding'schen Satz als Aufgabe oder Motto für unser Landkreisbuch mitgeben: „Jede Landschaft, so scheint es, muss neu erobert werden von dem Geschlecht der Lebenden. Anders trügt sie. Nichts kann trügerischer sein als die Bilder und Schilderungen, die eine andere Zeit sich gemacht hat ..." Der Autor selbst versucht sich die „Baulast" vorzustellen,

die der Landkreis mit der Gesamtlänge seiner Kreisstraßen zu tragen hat: Es sind 129 Kilometer Gesamtlänge – diese Summe hat er mindestens schon 15 Mal abfahrend zusammengebracht. Zudem ahnt er, dass bei insgesamt 14 Gemeinden, von denen 6 über 10 000 Einwohner haben, das 'Ganze' schon überschaubar ist – wie etwa der Zuschussbedarf für die 3 Gymnasien: aber kann man bei all den Zahlen auch die Sorgen von rund 115 000 Landkreis-Einwohnern immerzu mitdenken? Nicht ohne Stirnrunzeln denkt er an die 410 Seiten des dicken „Dschungelbuches" vom „Haushaltsplan 2005". Aber jetzt wird alles ganz konkret. Im Gespräch mit den Vertretern der 5 Fraktionen geht es zunächst um die Neuregelung des BehindertenFahrdienstes: Wie ist die Gesetzeslage? Wie ist die Wirklichkeit? Wie bekommt man die „ländlichen" und die „städtischen" Räume unter einen Finanzhut?

Am Himmel steht die kleine Drohwolke des „Elektromülls". Zu klären ist auch, wie die um 6,5 % teurer gewordene Altpapierentsorgung begründet wird. Es muss da doch eine „Preis-Leitklausel" geben ... Nun gut, man wird den Rechnungsprüfungsausschuss befragen und seine Meinung einholen. Vor mancher Problemlösung steht die Zauberformel: „Keine Schnellschüsse!" Ja, gewiss doch: die Jugendarbeit der Verbände bräuchte

mehr Zuschüsse ... Und was wird aus der innerdeutschen Partnerschaft mit dem OstLandkreis Stollberg?

Ohne verhaltenen Grimm spüren zu lassen, verwunderte sich Frau Landrätin, dass es im größeren Umkreis des Nürnberger WM-Stadions noch kein touristisches Gesamtkonzept gebe, um Besucher auch in 'ihr' Land zu locken. Da gelte es jetzt aber in die Hände zu spucken!

Sie wird das bei der nächsten Bürgermeisterbesprechung vorbringen. „Sich abstimmen, damit sich nur ja niemand übergangen fühlt!" Auch das ist eine Handlungsmaxime. Dann gilt es an neue Wohnmodelle für die Jugend zu denken. Wegen der Solardach-Verpachtung steht dann ein Fototermin an. „Eins nach dem anderen, hat eine Frau mit 16 Kindern gesagt" – sagt einer flachsend. Dem Außenstehenden geht das „Millionendefizit" durch „Hartz IV" durch den Kopf.

Am frühen Abend wirds für eine Weile lockerer: zu Ehren eines 75. Geburtstags steht ein Besuch in Langenzenn an. Ein verdienter Bürger darf schon erwarten, dass an so einem Ehrentag die Frau Landrätin kommt – und wenn auch nur „auf einen Sprung". Geburtstagskind und Gäste freuen sich über den hohen Besuch – und als gehörte sie zur großen Familie setzt sie sich selbstverständlich an den Tisch, nimmt Anteil, plaudert und schmaust mit von den Köstlichkeiten der Tafel.

Wer weiß, wie bei solchen Anlässen in Franken aufgetischt wird, freut sich staunend mit, dass Frau Landrätin immerzu die 'Gertenschlanke' bleibt. Und da der Fahrer fährt, kann sie getrost das Glas erheben. Inzwischen ist die stattliche Stadtkapelle Langenzenn vor dem Haus zum Ständchen eingetroffen; schon zuvor haben andere Musikanten den Jubilar hochleben lassen. Heitere Atmosphäre durchwebt das Feierhaus – noch ein Blick auf die Terminuhr, und wir verschwinden durchs 'Katzenloch': „Schön, dass'd dawarst!"

Auf der Fahrt zum nächsten Termin in Obermichelbach streifen wir die 'klassischen' Aufgaben: Straßen und Schulen. Aber es müsse auch was getan werden gegen „legalen Missbrauch" bei der Jugendhilfe. In der 'Bürgerhalle' von Obermichelbach bleibt kaum

Zeit, einen Blick zu werfen auf das schöne keramische Bild der Geschichte des Ortes. Im Saal ist 'Unmut' zu vernehmen: Außerhalb des Ortes, bei einem neuen Supermarkt, wünschen sich etliche Bürger wegen der Verkehrsgefährdung für die Einkaufenden ein Tempolimit von 30 km. Auf den ersten Blick leuchtet das ein – doch jetzt kommt das 'Aber' der ordnungshütenden Verwaltung: es geht eben nicht, dass jede Gemeinde bei aller Fürsorglichkeit sozusagen selbstherrlich Verkehrspolizei spielt, denn solche Beschilderung ist eine 'staatliche' Aufgabe. Also gut zureden, überzeugen, ein bisschen vertrösten – und wieder eine zusätzliche 'Nuss' in den Sorgen- und Aufgabensack gepackt. Ein wenig verspätet werden wir im nächsten Hafen der Abendpflicht eintreffen – in Greimersdorf.

Was für ein atmosphärischer Unter- schied: wenn sich Menschen aus einem Großort in einer großen Halle versammeln – und wenn in einem Kleinort Menschen im behaglichen Wirtshaus zusammenkommen ... Da scheinen selbst größere Probleme 'zahmer' zu werden, denn sie können da noch vieles unmittelbarer unterein- ander 'ausmachen'. Wenn's um den Wettbewerb „Unser Dorf soll schöner werden" geht, dann spürt jeder Außenstehende, dass hier die Bürger das alles „aus sich heraus" machen. Zuspruch auch da und Ermunterung. Ha, und was für ausdrucksstarke, ein- prägsame Gesichter saßen da am Tisch! Die kann man sich merken – ganz anders als die Glattgesichter diverser „MissWahlen".
Selbstbewusst weist sie nebenbei auf den laufenden „Veranstaltungskalen-

der" der Stadt Langenzenn hin: „Klar doch, dass ich mir daraus allenfalls zwei, drei Termine herauspicken kann – aber dass es so ein reichhaltiges Angebot überhaupt gibt, das ist doch schon eine feine Sache. Sowas strahlt ja letztlich nach und nach weiter hin- aus, denn Langenzenns 'Kundschaft' ist ja nicht unbedingt in Stein."
Spät ist der Abend geworden, schon ziemlich spät. Der Tag der Landrätin hat wahrscheinlich doch gut und gerne seine dehnbaren 25 Stunden. Im Dienstauto kommen wir nochmals auf mögliche „Begleit-Events" zur Fußball- weltmeisterschaft; an Groß-Bild- schirm-Biergärten wäre zu denken, auch an mögliche 'Zeltlager' für Fans, auf dass auch „was bleibt" in der Region von diesem Großereignis. Unterwegs auch mal eine ganz gute Nachricht: dass die Stadt Zirndorf, der

es vergleichsweise gut geht, die „Westumgehung" baut, die dadurch nicht nur sich selbst entlastet, sondern auch den Landkreis, denn diese 'West- spange' verbindet die Kreisstraßen FÜ 19 und FÜ 14 mit der Rothenburger Straße. Ein Projekt, das immerhin 10,3 Millionen kostet – von denen 65 % durch Fördergelder 'leichter' werden. Und schon sind wir mitten in Zirndorf. Ein Geburtstag, ganz unspektakulär, aber fränkisch gemütlich. Die Bürger- meisterwahl wird nur einmal nebenbei erwähnt. Zu später Stunde keine Spur von Müdigkeit. Das Hellwache und das Zielgerichtete – gut ausbalanciert, wenn dabei eine Frau auch 'auf sich' schaut und Autorität durch Anmut gewinnt. Eine Frau, die sich im Öffent- lichen der Politik wohlfühlt, und zwi- schendurch schon einmal bemerken kann, dass sich so mancher nicht „vor- traut", weil er zu den Abhängigen des „MP" in München gehöre.
Als sie zum ersten Mal zur Landrätin gewählt worden ist, war sie „die jüng- ste Landrätin im Lande" – „und die hübscheste", sagt jemand dazu und verlängert das Kompliment: „wirst sehn, wirst eines Tages noch Minis- terin ..."
Die gebürtige Moselländerin stammt also aus uraltem Römerland: „Kunst war nicht Roms Sache", hat Rudolf G. Binding in seiner Liebesgeschichte geschrieben, „aber zu bauen wussten die Römer." Und so passt es, dass in

Gabriele Paulis Amtszeit der lichtdurchflutete Neubau des Landratsamtes fällt – also Neulandgewinnung.

Ja, freilich, die „starke berufliche Belastung" zehrt, kostet freie Zeit und manches Opfer, aber im Gegensatz zu mancher 'verbissen' wirkenden Politikerin ist da ein Beispiel, dass beim 'politischen' Entscheiden der 'weibliche' Charme nicht verloren gehen muss. Einem Weihnachtsbrief hatte sie ein Motto von Dietrich Bonhoeffer aus dem Jahr 1943 vorangestellt: „Mag sein, dass der Jüngste Tag morgen anbricht, dann wollen wir gern die Arbeit für eine bessere Zukunft aus der Hand legen, vorher aber nicht!" Man spürt das, wenn ein Mensch „mit Freude an die Aufgaben" des nächsten Jahres herangeht. Eine Moselländerin in Franken, eine „CSU-Frau", die sich gut versteht mit dem „SPD-OB" von Fürth. Einmal gestand sie vor der Parteibasis: „Sagen können, was man denkt – das ist das schönste der Welt."

Mit Fliegeraugen

Julilicht ohne Wolkenstörung, himmelhoch überm Flugplatz Seckendorf. Wenn's mal von hier aus Linienflüge gäbe: für 7 Euro in die Haßberge oder für 9 Euro in den Steinwald oder wenigstens bis Dinkelsbühl, zu 'HammerPreisen'! Jetzt klingt das Schnell-Gedreh der Einmotorigen verlockend:

Gleich geht's los! Zu viert sitzen wir in einer „Cesna 172". Übers Gras und Gas! Wundersamer Augenblick, wenn Geschwindigkeit sich lustig macht über die Schwerkraft der Erde. Einmal wenigstens den Landkreis als Ganzes von oben überblicken, als wär' er überschaubar. Rasch ist die Flughöhe erreicht: 300 Fuß, also rund 600 Meter hoch; 90 Knoten schnell. Das wär' natürlich ein Ding, wenn im Abstand von 100 Metern die Landkreisgrenze mit Leuchtzeichen markiert würde – aber ich weiß auch so, wo nördlich von Obermichelbach das Herzogenauracher Ausland beginnt. LuftLust hat was Verführerisches: entkommst für 'ne Weile den beschwerlichen Erdentfernungen. Warum reist man eigentlich? Ist's wirklich Neugier oder Geldvergeudungslust? Erhart Kästner, der Liebhaber Griechenlands, gestand: „Man reist, um die Erde bewohnbar zu finden." Blick von oben: Für Franken scheint die SchnurGerade nur in kurzen Strecken erträglich; sie mögen Winkelzüge und Hakenschlagen – und zugleich das Milimeter-Genaue. Landschaft als wohlgeordneter Flickenteppich – und wirkt doch gar nicht zusammengeflickt, sondern eher zusammengewachsen. Allein die Waldränder sehen nicht wie nach einer Schablone ausgestanzt aus. Ist's Patchwork aus FelderFarben, StraßenSchnüren, FließGewässern, WeiherBlau, WaldGrün und Ansied-

lungsHäuserHerden? Gleicht's einem Mosaik? Vom Aeroplan aus wirkt der Landkreis wie ein 'Zusammen' – ringsum, nahtlos, mit anderem Gelände verwachsen, das uns jetzt freilich gar nichts angeht.

Fliegend denke ich an die Namensgeberin des Landkreises: die eigensinnige Stadt Fürth – mit ihrem Neubau-Wagemut und der Gassenseligkeit der Innenstadt; und wenn die Tausendjährige erst noch „Bad Fürth" heißen wird ... Man liebt ja nur Orte und Gegenden, wenn man mit ihnen auch mitbangt: ob's ihnen gut geht – in der unkalkulierbaren Mischung aus 'Bleiben' und 'Neuweiter'.

Wir fliegen. Ich seh' die OrtsAugen, das Wohndicht der Siedlungen. Über Hiltmannsdorf denk' ich an Vero Venturi, den SprachBrückenbauer aus Italien, hier heimisch geworden mit seiner deutschen Frau; als Übersetzer wechselseitiges BesserVerstehen ermöglichend.

Über Seukendorfs St. Katharina denk' ich an die schöne Geste des Pfarrers, mich hier zu Weihnachten predigen zu lassen – ich scheute mich nicht zu sagen, dass wir in Deutschland, verglichen mit gläubigen Indern oder bolivianischen Indianern die „faulen Hunde Gottes" seien.

Bei Veitsbronn muss ich an Vitus denken, einen der 14 Nothelfer von „Vierzehnheiligen", und wie anrührend dort eine „Vitus-Messe" gelingt: Mit englischem Bandsound feiernd das gläubige Wissen „weil uns Gott liebt". Wie bewusst der evangelische Pfarrer, zusammen mit einem indisch-katholischen Priester, im 'Bußteil', die Tauferinnerung feierte; wie sie das Mysterium der Sündenvergebung bewusst machten; wie sie das „Segnen" jedes Einzelnen hervorhoben; wie es die unterschiedlichsten Generationen verband, jählings zustimmend singend „Jesus lover of my soul"; wie sie im „AbendmahlsTeil" ergriffen begriffen, was da geschieht; wie's auf Englisch leichter über die Lippen ging mit „O Lord hear my prayer".

War da für zwei Stunden nicht ein Schmelzpunkt erreicht, wo Evangelisch und Katholisch das Noch-Trennende schon wie in einem Vorgriff überwand? Selig, die solche Vorstöße in Neuland wagen!

Am Nordrand 'blitzsauber' Obermichelbach – immer öfter hör ich den Ort rühmen als vorzügliche Wohnlage und Bleibe. Und schon sind wir überm Leuchtfeuer der Diakonie in Puschendorf: Diakonie, die „berufsmäßige Liebestätigkeit" – müsste nicht jeder Beruf auch einen Grundzug 'Diakonie' in sich haben, damit wir einander, nicht vergiftet durch 'Nurnoch-Wettbewerb', als Mitbewohner empfinden und nicht bloß als Konkurrenten. Jenseits der unsichtbaren Landkreisgrenzen das Augenblinken der Aischgründer Karpfenweiher: geschwisterli-

che Nahkonkurrenz. Unvorstellbar, dass ein 'Wettbewerber' sie allesamt aufkaufte, sie einem MegaKarpfensee einverleibte. Und wenn gar das VogelgrippeVirus zum KarpfenVirus mutierte? Wie gut, dass es u. a. in Greimersdorf noch die „FischerKärwa" gibt. Im FesteErfinden sind Franken allemal einfallsreich.

Über Langenzenn Richtung Wilhermsdorf abdrehend dachte ich an die Wollust regionaler Rivalität: die Prunksitzungen der einen Faschingsgesellschaft mit der aus dem anderen Ort vergleichend: „des is ä himmelweiter Unterschied!" Bei den einen sei vielzuviel Programm, bei den andern ging's zünftiglustig zu ... Wo wurde doch gleich Volker Heißmann Faschingsprinz auf einem Kamel? Richtig: in Unterlachbach, und Martin Rassau in Niederwitzhausen. Auch dieses Spaßmacherpaar gehört als Lachgewürz zu dieser Gegend.

Linkerhand sah ich den langen, zu Fuß durchwanderten Waldriegel zwischen Cadolzburg und Kirchfarrnbach: ach, all das Übersehene und noch nicht Bedachte ...

Eigenartig optimistisch stimmend: wie gleich neben den Verkehrssträngen und ihrer lebenswichtigen Unruhe das wald- und flur- und feld-beruhigte 'Land' einsetzt, das trotz aller Bebauung dem natürlichen Anbau noch reichlich Raum gewährt. Hier wird's einem nie eng um den Hals.

Südwärts der Landkreisgrenze entlangfliegend sagte jemand: „Ach, wenn man sich vor Jahren wegen all der Schwarzbauten bei Wendsdorf aufgeregt hätt ... Etzerdlä is' doch ä richtis Idyll ..."

Müsst' nicht mancher Ort hier 'Schlauersbach' heißen? Jedenfalls dachte ich über Unterschlauersbach an den köstlichen Karpfen vom behaglichen Wirtshaus im Wiesengrund, wo sich mit dem Pfarrersfreund schon wieder Pläne schmieden ließ – und auf dem Zaun strahlte ein Stieglitz.

Was wäre diese Landschaft ohne den Direktzugang zu Menschen, ohne die Landeplätze in den Seelen derer, mit denen man innerlich verbunden bleibt? Wie fürsorglich mutete Hermann Glaser mit seiner Frau Erika an, als wir, außer Landes, im entzückend echten Wirtshaus von Gustenfelden schmausten, ganz intim, und über die Reichweite der eigenen Verantwortlichkeit nachdachten ... Der Weise aus Roßtal weiß ja, dass „kulturgeschichtliche Prozesse selten linear zielgerichtet" verlaufen – aber es gibt so eigenartig beständige Verhaltensweisen von Menschen, die oft Furcht vor dem eigenen Handeln bei Gefahr haben. Das „Fatale des Fehlverhaltens" in immer wieder neuer Gestalt ... Doch zugleich sein freudiges und dankbares Bewusstsein, „dass wir in einer freien Gesellschaft freie Gespräche führen können". So schrieb er im Januar 2006

in sein Buch „Wie Hitler den deutschen Geist zerstörte".

Ja, freilich, Kurt Tucholsky hatte schon recht, als er in seinem „Pyrenäenbuch" schrieb: „Man kennt ein Land natürlich nicht, wenn man es nur bereist, ohne darin zu leben." Oh, da müsst' man ja andauernd umziehen - und dann entginge einem ja all der gemischte 'Basso Continuo' der Nah-Nachbarschaft.

Jedesmal, wenn Fernabrünst auftaucht, fällt mir mein verwegener Romanplan ein, der 1974 im S. Fischer-Verlag hätte erscheinen sollen: immerhin, den schon entworfenen Umschlag hab' ich noch: „Fernabrünst. Entwicklung und Geschichte eines jungen Menschen". Wieder gefällt mir die Weite zwischen den Orten: Feld- und Waldpuffer dazwischen – „nahabstandsschön", das wär' eine Bezeichnung dafür.

Irgendwo, tief unten, saust ohne Blaulicht ein „Roter Eil" – da seh' ich vor mir die charmante Anzeige in einer Feuerwehrbroschüre: „Zu dringenden Terminen erscheint man im Mercedes"; darüber das schnittig-elegante Löschfahrzeug eines „Atego". Zugleich stellt sich dieses Doppelbild ein: eine Gruppe der „FFW" in blauer Marsch-

uniform – und dieselbe in neuzeitlicher „Schutzkleidung", ohne allen militärischen „touch", dafür in dunklen, hitzeabweisenden Anzügen, feuerroter Kragen über den Schultern, sowie an Armen und Beinen grellgelbe Leuchtstreifen.

Denke ich an das dichte FFW-Netz im Landkreis, an ihr Generationen übergreifendes und Zusammenhalt stiftendes Wesen, fällt mir eine schöne Bezeichnung in Polen ein: „Armija krajowa" – bei unszulande ist die „FFW" die „Heimatarmee".

Auf der Stelle seh' ich Ortsburschen vor mir, die sich als Kärwaburschen soviel Mühe um die Kärwa gemacht haben, in X-Dorf. Jetzt lassen sie sich fallen in den verdienten Biersee; je mehr sie 'schwarze Maßen' zischen, desto kühner werden sie: „Jetzt ist eine Mutprobe fällig!"

Einer, der sonst keinen Tropfen trinkt

bevor er fahren muss, der weiß, wo der Schlüssel zum Feuerwehrhaus unauffindbar gut versteckt ist. Schon schwingt er sich hinters Steuer, hat das Rote Ross bestiegen und gibt Vollgas. Das Feuerrote beschleunigt alarmschnell – und rumms: schon nach wenigen Metern knallt es an eine Regentonne, schlagartig aufgehalten von einem Hauseck. Ein zerdeppertes Feuerwehrauto fällt selbst in tiefer Kärwanacht auf; gleich darauf ist die Polizei da. Der Unfallverursacher, Sohn eines „OrtsWichtigen", schaut vor dutzt. „Ausgerechnet dem seiner! ..." Beichten. Blasen: über 2,4 Promille. Führerschein weg. Untern Teppich lässt sich's nicht mehr kehren. Ernüchtert knobelt der Sünder anderntags: „Wenn ich halt bloß den Restwert aus eigner Tasche zahlen müsst' ..."

Der Feuerwehrkommandant sagt: „Wir lassen's auf alle Fälle reparieren. Für den Restwert kriegen wir ja nix! Für ein neu's Fahrzeug hammer ka Geld! Etz müss'mer halt ä neus Verschteck für'n Schlüssl findn!"

Fidrijadiumm, kennst'di aus ...

Ein paar Orte weiter stellt sich grade eine der zahlreichen Musikkapellen auf: gewiss für ein Ständchen. Hoffentlich gibt's dazwischen keinen Nusskuchen, denn kürzlich ist da einem der Bläser in aller Eile ein Nussstück ins Mundstück seines Blechblasinstruments geraten – ausgerechnet vor seinem Solo.

Längst sind wir über Ammerndorf geflogen, und ich hab' mir noch immer nicht die mehrsortige Braukunst samt dem Hektoliter-Jahresverkauf von „Dorn"-Bräu aufgeschrieben. Aus luftiger Höhe drücke ich die Daumen für den Fortbestand der einzigen 'Nochecht-Brauerei' im Landkreis – jedem ihrer BierLaster zuwinkend.

Wir machen einen Schwenk Richtung Süden. Blinkte jetzt nicht von Buchschwabach die „Galerie Destillarte" einladend herauf: zu satirischen Zeichnungen und einem Gläschen aus der 'Destille' – mit 'arte' verbunden: eine köstliche AugenNipp-Kombination.

Zwischendurch kleine Erleichterung: Die Konturen des Landkreises hast du Im Kopf: die leicht gewölbte Landschaft ist einerseits 'VorLand' für ein Stadtkonzentrat und andererseits zugleich annehmliches 'AuslaufLand'. Die landschaftliche Eigenart hebt sich

ab – etwa vom Oberfränkischen. Wirtschaftliche Kraft kann nur ein Aspekt sein; bedeutsam ist, ob die Bevölkerung auch emotional 'ihren' Kreis als Ganzes voranbringt. Nicht zu unterschätzen ist der unmittelbare Zusammenhalt.

Ich lasse mich nicht davon abbringen, dass für den Einzelnen, inmitten abstrakter Strukturen, der unmittelbare Bezug zu ihm bekannten Menschen das Wichtigste bleibt.

Einen Landkreis erkunden bedeutet also auch, sich „MenschenLandeplätze" zu erschließen.

Wie gut, im Wirtshaus von Gustenfelden einem „Pfeifenmann" zu begegnen, der in Oberasbach „exklusive Freehands" herstellt, also eigenhändig 'nach Maß' gefertigte Pfeifenköpfe, die geradezu farbig-bizarr ausgefallene Formen vorweisen können.

Zum auffallenden Pfauenrad fränkischer Vereinsvielfalt gehören hier auch die „Freunde des fränkischen Schäufele". Ihre 'Zentrale' ist in Zirndorf, wo der liebevolle Name „Schorsch" sogar einem Imbisswagen gelten kann. Diese Freunde des „fränkischen Hüftgoldes", also genüssliche Verehrer heimischer Kost, werben mit dem Spruch: „Liegt der Knochen blank am Teller, war'n die Schäufelefreunde schneller".

Ist das 'LebensLustige' nicht auch ein Grundzug 'fränkischen' Wesens? Da sind einmal „fünf Weiber" aus einem Nachbarlandkreis mit dem Zug von

Markt Erlbach auf die Michaeli-Kärwa nach Fürth gefahren: „Die kummä scho wiedder hamm! An Auslauf braung's doch ah zwischerdurch", sagte augenzwinkernd einer der daheimgebliebenen Männer und gestand dann: „Naja, mir warn selber ah nu lang im Wertshaus, und iih hob scho lang g'schlofn, da rufn's früh ummer Sechser oh, ich sollert's mit'm Kombi in Wilhermsdorf abholn, weil die Bus vo Ferth bloß bis zur Landkreisgrenz fohrn ... Naja ...

Lusti worn's beinander, än Schwibbs ham's g'habt und gscheit nach Knoblauch g'rochen. Ä jede hätt mindestens drei HeirotsOnträch gkriechdt – derfier ham's is halbe Kärwageld wieder mit hammbrachdt. Des muss ah ämol sei – hernoch kannst'ers halt wieder guud hohm..."

Waren die „Trucker" und die Paare im hübschen „Western-Look" nicht ebenso vergnügt, die beim mehrtägigen „Festival" der „Eichenhain-Wirte" in Zirndorf bei Westernmusik und irischem „Folk" tanzten?

Wieder ganz anderes 'Volk' findet sich ein im „Bahnhof" von Anwanden, dem 'Kulturpalast' in einer 'Scheune'. Auch das ist heimisches Kulturgewürz: dass Schulkinder in Kirchfarrnbach bunte Bushäuschen entwarfen für die Neugestaltung des Dorfplatzes.

Gelassen fliegt unser PanoramaFernrohr jetzt einen Schlussbogen über den Ostrand vom hügelweiten Fürther 'Land'; vertrauenerweckend summt der

Motor, zeigen die Instrumente an. Wohin du mit eigenen Augen nicht hineinschauen kannst: manches denkst du jetzt mit. Dabei will's mir nicht so recht in den Kopf, dass künftig die meisten von uns nur noch 'Dienste' zu leisten hätten, aber nichts mehr 'herstellen' sollten.

In Zirndorf stellt „Metz" seit langem elektronische Geräte her; auch da gibt's kein 'Halten' und 'Bleiben im Alten'- bei den Metz-Fernsehgeräten haben inzwischen die „Flachbildschirme" die einstigen „Röhrengeräte" überholt. Im Jahr 2005 machten bei „Metz" Produkte der Unterhaltungselektronik 81 % des Umsatzes aus; hinzukommt die wichtige Position auf dem Weltmarkt mit Elektronik-Blitzgeräten. Rund 750 Mitarbeiter sind bei „Metz" beschäftigt; klar, dass hier die Namensgebung „Metz-Halle" akzeptiert ist.

Überall dieses Kopfzerbrechen: Wie kann sich ein Unternehmen gegen „Preisverfall" wehren? Wie kann es sich halten an seinem Standort? Alles hochkompliziert. Jeder Einzelne erfährt dabei etwas 'Globales': Es ist das „Unerbittliche" all dieser Prozesse und das Gefühl verhängnisvoller Ohnmacht.

Wer käme in Stein auf den Einfall, die farbkräftigen Bilder des vor Jahren verstorbenen Malers Heinz Weidlich vor dem Sturz in das tiefe Loch des Vergessens zu retten?

Dieses Stück Land wird uns schon noch eine Weile bleiben, aber seine wirtschaftliche und politische Gestalt wird sich weiter verändern. Wird der aus rechnerischer 'Gleichberechtigung' weggeschrumpfte 'Wahlkreis' nicht das Vorspiel sein für ein mögliches 'Eindampfen' des 'kleinen' Landkreises in einen größeren Zusammenhang? Wer weiß, ob nicht aus der neuen „Metropolregion" am Ende eine Verwaltungseinheit werden wird?

„Eine Verrücktheit", sagt jemand an Bord, „wenn man sich vorstellte, dass es zwischen Argentinien und Korea nur noch eine einzige GlobalMonopol-Fabrik für Zündhölzer geben sollte!"

Doch zugleich kicken sie hier, spielfroh und regional genügsam, doch selbstbewusst wie überall: In der Kreisliga der TSV Ammerndorf, der ASV Veitsbronn und der TSV Altenberg. In der 'Kreisklasse' kämpfen miteinander Weinzierlein und Puschendorf, Langenzenn gegen SV Weiherhof, Oberasbach gegen Deutenbach und Türk Gücü gegen Cadolzburg.

Wie herrlich auslaufgroß wirkt jetzt der Hainberg. Unsere Cesna nimmt Kurs auf den Flugplatz. Die hübsche Kapelle von Seckendorf: wie hochgehaltene Fahnen stehen die Kirchtürme, ohne Angst vor jedem Gegenwind.

Ich stelle mir vor, dass es einmal ökumenische Wallfahrten geben wird, bei denen Gläubige und Glaubensneugierige in Etappen von St. Andreas bis zu St. Veit pilgern, um wenigstens einmal im Leben in diesem so kirchenreichen Landkreis an jedem heiligen Ort gewesen zu sein – diesen unerschöpflichen Variationen ein und desselben Glaubensbekenntnisses.

Schon im Landeanflug sagt jemand, mit heiterem Blick auf Cadolzburg, auf einen Obstgarten deutend: „Das ist mein Land!" Ein anderer fügt hinzu: „Und das dort drüben ist eine der Insolvenzruinen ..." „Findig muss man halt bleiben", wirft der Vorige ein: „Ich hab' mir mein erstes Fahrrad mit Kirschenpflücken verdient; war mir dazu nicht zu schad, und eine schöne Arbeit war's obendrein."

In unserer Vorstellung bildet der 'Flächenkleinste' ein ziemlich großes Ganzes. Niemand käme auf den Einfall ihn nur als 'Bruchstück' Bayerns auszugeben – gleichwohl müssen wir uns stets mit 'Fragmenten' begnügen; fragmentarisch bleiben unsere Kenntnisse, und dennoch ist im Fragmnetarischen zugleich etwas Ganzes. „Das Ganze im Fragment" zu erleben, das ist kein Zaubertrick, sondern eine Aufgabe der Kunst. Das gelingt, wenn 'Beschreiben' nicht 'Aufzählen', sondern ein 'Beschwören' wird. Unterm hohen Julihimmel sahen wir ein Landganzes, ein Stück Welt: gut bewohnbar. Sanft setzte die Cesna auf der Graspiste auf. Vielleicht ist ein Sinn solcher Erkundungsreisen auch der, daß einem künftig dieser überschaubare Landkreis noch mehr am Herzen liegt.

Der Fotograf

HERBERT REINL, geboren 1953 in Nürnberg, wohnt in Nürnberg und ist seit 1978 beim Landkreis Fürth beschäftigt. Seit 1985 ist er der Kreiskämmerer des Landkreises Fürth.

Die Fotografie ist sein Hobby – allerdings ein Hobby, das seit etwa 30 Jahren sehr intensiv betrieben wird.

Das kreative Fotografieren dient ihm dabei als idealer Ausgleich zur nüchternen Zahlenwelt der Kreisfinanzen. Spezielles Interessengebiet ist im Laufe der Zeit die Wettbewerbsfotografie geworden. Die intensive Teilnahme an den unterschiedlichsten Fotowettbewerben ergab in den zurückliegenden Jahren diverse nationale und internationale Preise, die von Urkunden, Plaketten und Medaillen bis zu interessanten Sachpreisen reichten (wie zum Beispiel der Gewinn einer Profi-Spiegelreflexkamera, einer Reise nach Nepal, diversem Fotozubehör, Reisegutscheinen usw.)

Bei den Wettbewerben der Zeitschrift COLOR FOTO kamen seine Fotos insgesamt 20 mal unter die Auswahl der besten Fotos, ein Mal gewann er bei diesen Wettbewerb den 1. Preis.

Auch beim größten Fotowettbewerb der Welt, dem Austrian Super-Circuit, bei dem jeweils mehr als 100.000 Bilder aus der ganzen Welt eingereicht werden, bekamen Herbert Reinls Fotos mehrfach Auszeichnungen und zahlreiche Annahmen.

Herbert Reinl ist außerdem seit 1987 aktives und engagiertes Mitglied im 1. Nordbayerischen Amateurfotoclub Nürnberg. Dieser Fotoclub hat in den beiden letzten mittelfränkischen Vergleichswettbewerben jeweils den 1. Platz belegt. Seit einigen Jahren ist Herbert Reinl auch Einzelmitglied im Deutschen Verband für Fotografie e.V. (DVF).

Im Laufe der letzten 10 Jahre wurden diverse Fotos von Herbert Reinl auch in Bildbänden zu den unterschiedlichsten Themen veröffentlicht, z. B. in Büchern über Amerika, Berlin, Bayern, Italienische Impressionen oder in kleinen Geschenkbänden zu verschiedenen Themen.

Nach langer Zeit der analogen Fotografie mit Dias (Leica-Kameras) ist Herbert Reinl inzwischen überwiegend in die vielfältigen Möglichkeiten der digitalen Fotografie mit Spiegelreflexkameras (Canon) eingestiegen.

Die Fotos für dieses Buch entstanden in der Zeit von Sommer 2005 bis Juni 2006 bei zahlreichen Ausflügen in den Landkreis Fürth und seine vielfältigen – teilweise auch versteckten – schönen Ecken.

Der Autor

DR. GODEHARD SCHRAMM, 1943 in Konstanz geboren, lebt und arbeitet als freischaffender Schriftsteller in Nürnberg und Neidhardswinden. Promotion über den russischen Dichter Jewgeni Jewtuschenko. 2005 erschien sein Kindheitsroman „Mein Königreich war ein Apfelbaum".
Der „Europa-Wanderer" (Süddeutsche Zeitung), dessen HeimatErkunden zugleich auch WeltErkunden ist, veröffentlichte u.a. „Mein Gardasee", „Reisen nach NEA-polis" (Jugenderinnerungen zu Neustadt a.d.Aisch), „Mein kleiner Nürnberger Rauschgoldengel" und die fränkischen 'Horch-Bilder' „Über Stock und Stein" (CD, in Umgangssprache; Akkordeon: Stefan Hippe). Mehrere Texte liegen in polnischen, französischen und italienischen Ausgaben vor; in Lemberg erschien 2004 sein poetisches Reisebuch „Murato" auf Ukrainisch.
Sein umfangreiches Werk wurde vielfach ausgezeichnet: in München, Bonn, Berlin und Verona, sowie in Ober- und Unterfranken; als bislang einziger Autor erhielt er alle 3 'mittelfränkischen' Preise: Wolfram-von-Eschenbach-Förderpreis, Otto-Grau-Preis und Wolfram-von-Eschenbach-Kulturpreis (2003).

Foto: Harald Munzinger

Sein besonderer Bezug zu Fürth: Wohnte 1958/59 mit den Eltern in der Hornschuchpromenade; 1962/63 als Fahrschüler im humanistischen Gymnasium. Seit 1976 'Transit' durch den Landkreis: von Nürnberg nach Neidhardswinden.
1981 erschien sein Radioporträt als Buch: „Fürth, die kleinere, schönere Schwester". 1994 großes „Fürth"-Porträt mit dem Fotografen Erich Malter, und Begleittext in dem Katalogbuch des Fürther Malers Hannes Wiedemann. Ausstellungseröffnungen im Klinikum sowie im Stadttheater – u.a. zum Werk des Malers Heinz Weidlich, sowie 2005 zu Materialbildern von Prof. Ingo Klöcker. Lesungen u.a. im „Lirn"-Haus sowie in Kirchen. Beiträge in der Reihe „Fürther Freiheit" der 'Fürther Nachrichten' und in den 'Fürther Heimatblättern': Über das „Abenteuer, ein Fürth-Buch zu schreiben" (1994). In der Auferstehungskirche hielt er 2003 eine „Fastenpredigt" (an der Orgel Sirka Schwartz-Uppendieck).

Der in Fürth lebende Komponist Uwe Strübing vertonte inzwischen 4 Arbeiten: „ThomasFragen", das Kirch-Traum-Spiel „Feuerkopfs Briefe", „schneewege-Lieder" und 2 Gedichte. Die beiden letzteren wurden auch im Rahmen des „Orange-Konzerts" von Uwe Strübing 2006 im „Kulturforum" gespielt. Im Rahmen des 'Fränkischen Sommers' wurde das musikalische Märchen „Grütz der Spatz als Papagei" im Klosterhof Langenzenn aufgeführt.

Zum 125. Geburtstag von Jakob Wassermann richtete er im Fürther Stadtpark die „WasserPromenade" ein: mit Texten von Wassermann. Lesungen auf Französisch in Fürths Partnerstadt Limoges. Für den früheren Fürther Kulturreferenten Gerd Fleischmann hielt er als Freund die Totenrede.

2001 im Schloss Burgfarrnbach und 2005 in der „kunst galerie fürth" Eröffnungsreden zu Keramik-Ausstellungen des Künstlerpaares Elly und Wilhelm (*1925 in Fürth) Kuch.

Für 2007 ist im Rahmen der 1000-Jahre-Jubiläen (Stadt Fürth & Erzbistum Bamberg) die Aufführung einer 'szenischen Vision' geplant: „999 Glocken zuviel! Für die faulen Hunde Gottes".